... und ihr habt mich besucht

KONKRETE LITURGIE

herausgegeben von Guido Fuchs

Christoph Seidl (Hg.)

… und ihr habt
mich besucht

Gebete und Hilfen für Krankenbesuch
und Krankenkommunion

VERLAG FRIEDRICH PUSTET
REGENSBURG

Bibliografische Information der Deutschen Nationalbibliothek

Die Deutsche Nationalbibliothek verzeichnet diese Publikation
in der Deutschen Nationalbibliografie;
detaillierte bibliografische Daten sind im Internet über
http://dnb.dnb.de abrufbar.

2. Auflage 2019

ISBN 978-3-7917-2610-6
© 2014 by Verlag Friedrich Pustet, Regensburg
Umschlagbild: Fotolia, © emmi
Layout und Umschlaggestaltung: Martin Veicht, Regensburg
Satz: MedienBüro Monika Fuchs, Hildesheim
Druck und Bindung: Friedrich Pustet, Regensburg
Printed in Germany 2019

Diese Publikation ist auch als eBook erhältlich:
eISBN 978-3-7917-6039-1

Weitere Publikationen aus unserem Verlagsprogramm finden Sie unter
www.verlag-pustet.de
www.liturgie-konkret.de

INHALTSVERZEICHNIS

6. KAPITEL

DU GEHST MIR UNTER DIE HAUT

ANHANG

... UND IHR HABT MICH BESUCHT

VORWORT

Besuch ist nicht gleich Besuch! Davon kann jeder Geschichten erzählen: Es gibt den Besuch, auf den man sich schon lange freut und für den man viele Vorbereitungen trifft. Es gibt den Besuch, den man eher mit Bangen erwartet. Es gibt den Besuch, der sich vorher anmeldet und für den man die Wohnung aufräumt. Und es gibt den, der einfach vor der Tür steht, klingelt und dann sagt: Ich wollte einfach mal vorbeischauen! Ob der Besuch zu einer gelungenen Begegnung führt, hängt in der Regel nicht von der Vorbereitungszeit, von der aufgeräumten Wohnung und auch nicht von der Größe des Gastgeschenks ab. Ob die Begegnung gelingt oder quält, hängt wesentlich davon ab, ob sich Besucher und Besuchter auf einer gemeinsamen Ebene treffen. Die Ebene kann ein gemeinsames Thema sein. Noch entscheidender aber ist eine gemeinsame Schwingung. Beim Radio musste man früher mit großem Fingerspitzengefühl mit einem Rädchen die richtige Frequenz einstellen, sonst rauschte der Sender.

Was für jede Art von Besuch und Begegnung gilt, gilt noch intensiver für den Besuch am Krankenbett. Wenn der Besucher die Frequenz nicht trifft, wenn beide nicht dieselbe Sprache sprechen, dann rauscht es. Das betrifft auch die Sprache des Gebets, wenn ein Sakrament gefeiert, miteinander geklagt und gehofft und der Kranke gesegnet wird. Wenn die Sprache nicht stimmt, dann kann es sogar in der Begegnung zwischen dem Kranken und seinem Gott rauschen.

Das vorliegende Werkbuch hat es sich daher zur Aufgabe gemacht, Gebete und Texte für die Gestaltung von kleinen gottesdienstlichen Feiern beim Krankenbesuch in einer situationsgemäßen Sprache zusammenzustellen. Das Titelbild auf dem Einband veranschaulicht das Anliegen: Es geht um den Versuch, schwere Themen in einer behutsamen Sprache ins Wort zu bringen. Worte, die in manchen Situationen kaum wahrgenommen werden, können unter bestimmten Umständen treffen wir ein Messer, können schwer belasten wie Blei.

Allein der Besuch eines haupt- oder ehrenamtlichen Seelsorgers ist für viele Patienten schon bedeutungsvoll genug. Bilder und Phantasien steigen vor dem geistigen Auge auf: Geht es mir schon so schlecht!? Werde ich jetzt auch noch auf Herz und Nieren geprüft!? Wenn es dagegen gelingt, einen Raum zu schaffen, der eher befreit als belastet, der atmen lässt und Gedanken freisetzt, Gespräch ermöglicht und nicht erstickt, dann kann das Gebet schließlich erleichtern und Halt geben wie ein Fallschirm; es kann eine lebensbejahende Stimmung mit sich tragen wie ein kleines Samenkorn, das zielsicher seinen guten Platz findet.

Diese Gebetsvorschläge sind keine Gebete zum Auswendiglernen wie zu Schulzeiten. Sie kommen aus dem Leben, tragen die Handschrift der Autoren und Autorinnen und lassen deren „Mundart" erkennen. Sie verstehen sich als Versuch, als Angebot sowie als Einladung, mit eigenen Worten zu beten. Letztlich ist für den gelingenden Krankenbesuch entscheidend, was Paulus in seinem Hohenlied der Liebe formuliert: „Wenn ich in den Sprachen der Menschen und Engel redete, hätte aber die Liebe nicht, wäre ich dröhnendes Erz oder eine lärmende Pauke." (1 Kor 13,1)

Einige Texte und Modelle entstammen der Gottesdiensthilfe Liturgie konkret. Den AutorInnen Barbara Palm-Scheidgen, Heinrich Bücker, Reinhard Kleinewiese, Johannes Putzinger und Hanns Sauter, die eigens Beiträge für dieses Buch verfasst haben, gilt mein herzlicher Dank.

Regensburg, im Juli 2014   Christoph Seidl

1. KAPITEL

ICH GEBE DIR MEIN HERZ

GEBETE VON ANGEHÖRIGEN, BESUCHENDEN UND
SEELSORGENDEN FÜR IHRE KRANKEN

„Denn wir wissen nicht,
worum wir in rechter Weise beten sollen." (Röm 8,26)

„Alles Gute wünsche ich Ihnen – und vor allem Gesundheit!" Diesen
Wunsch kann man oft hören: Zum Geburtstag, zum Jahreswechsel, zu
jeder Art von Veränderung im Leben. Einerseits hat sich der Absender
dieser Worte sicher etwas Gutes dabei gedacht: nicht Geld, Besitz
und Ansehen stehen hier im Mittelpunkt des Interesses, sondern
das körperliche, sicher auch seelische Wohlergehen, damit das
Leben möglichst angenehm zu leben ist. Andererseits: Was ist denn
eigentlich Gesundheit? Die Weltgesundheitsorganisation WHO hat
im Gründungsjahr 1946 in ihrer Verfassung Gesundheit so definiert:
„Die Gesundheit ist ein Zustand des vollständigen körperlichen,
geistigen und sozialen Wohlergehens und nicht nur das Fehlen von
Krankheit oder Gebrechen." Wenn das Gesundheit ist, dann stellt
sich die Frage, wie viele Menschen sich überhaupt noch als gesund
bezeichnen könnten, denn das vollständige Wohlergehen ist wohl
auf dieser Erde eher eine Seltenheit. Im Jahr 1988 hat die WHO
ihren Gesundheitsbegriff deshalb weiter formuliert: „Gesundheit ist
die Fähigkeit des Individuums, die eigenen Gesundheitspotenziale
auszuschöpfen und auf die Herausforderungen der Umwelt zu
reagieren." Es geht jetzt also nicht mehr so sehr um einen Zustand,
als vielmehr um eine Fähigkeit, ein Potenzial: Es geht darum, mit dem
Leben, so wie es kommt, umgehen zu lernen. Das ist Gesundheit.

Was wünscht man also einem Kranken? Noch dazu vielleicht
einem Schwerkranken? Dass er bald wieder „ganz der Alte" sein möge? Die meisten Kranken spüren, dass das wohl nicht so ganz möglich
sein wird. Aber der Wunsch nach genügend Kraft und Geduld, um
mit dieser Krise umgehen zu können und – was immer auch daraus

werden mag – JA zum Leben sagen zu können, das wäre in der Tat ein weiser Wunsch!

Und darum dürfen wir getrost auch beten: um Kraft und Geduld. Paulus stellt im Römerbrief das menschliche Geschick unter die Kraft des Geistes: „So nimmt sich auch der Geist unserer Schwachheit an. Denn wir wissen nicht, worum wir in rechter Weise beten sollen; der Geist selber tritt jedoch für uns ein mit Seufzen, das wir nicht in Worte fassen können." (Röm 8,26) Ein Seufzen – auch Seufzen kann ein Gebet sein. Manchmal verbinden wir dieses Seufzen ja auch mit einem „Ach Herrje(sus) ..." Worum wir genau beten sollen? Das ist gar nicht so von Bedeutung. Es geht darum, dass wir einander ins Gebet nehmen und mit dem Gebet tragen. Wie oft hat es mir schon gut getan, dass jemand zu mir sagte: „Ich bete für dich!" Nicht was jemand genau betet, ist entscheidend, sondern dass er mich im Gebet vor Gott hinträgt. Das ist es!

Die folgenden Gebetsgedanken möchten daher nur eine Anregung sein, selbst wieder ins Beten zu kommen.

GEBETE VOR DEM KRANKENBESUCH

Lass mich hören

Herr Jesus Christus,
ich mache mich auf den Weg zu N. N.,
den ich jetzt besuchen möchte.
Ich weiß nicht, ob er mich erwartet
oder ob ich heute ungelegen komme.
Was immer auch sein mag, ich akzeptiere es.
In welcher Verfassung er sich gerade auch befindet:
Ich nehme ihn an, wie er ist.
Lass mich hören, was er wirklich sagt,
gib mir die Worte, die er braucht,
und lass mich tun, was ihm weiterhilft.
Er soll spüren, dass er nicht alleine ist,
sondern dass jemand Anteil an seinem Leben nimmt.
Segne ihn und segne auch mich.
Sei bei uns und bleibe bei uns
heute und alle Tage und in alle Ewigkeit.

Hanns Sauter

Gib mir Worte

Herr, ich mach mich jetzt auf den Weg,
N. N. zu besuchen.
Ich habe Angst davor, Angst vor der Begegnung,
weil ich nicht weiß, ob ich erschrecke und
ob ich dann die rechten Worte finde,
Worte, die Mut machen,
die trösten, die von Herzen kommen.
Dein Geist begleite mich,
er gebe mir die rechten Worte in den Mund,
er gebe mir Kraft, weil ich so wenig stark bin.

Hanns Sauter

Ich gebe dir mein Herz

Willst du meine Hände, Gott,
den ganzen Tag über denen zu helfen,
die es nötig haben, den Kranken und Armen?
Gott, ich gebe dir meine Hände.
Willst du meine Füße, Gott,
den ganzen Tag zu denen zu gehen,
die einen Freund nötig haben?
Gott, ich gebe dir meine Füße.
Willst du meine Stimme, Gott,
den ganzen Tag zu allen zu sprechen,
die deine Worte der Liebe brauchen?
Gott, ich gebe dir meine Stimme.
Willst du mein Herz, Gott,
den ganzen Tag,
um alle ohne Ausnahme zu lieben?
Gott, ich gebe dir heute mein Herz.
Herr Jesus,
ich will dich preisen,
solange ich hier unterwegs bin.
Erde und Meer und Himmel mögen in mein Lied
einstimmen, Herr Jesus.
Ich will dich preisen,
solange ich unterwegs bin.

Mutter Teresa von Kalkutta zugeschrieben

Mein Herz klopft *(Gebet einer Seelsorgerin)*

Gerade bin ich wieder von der Station angefordert worden.
Ein schwerkranker Mann wünsche dringend seelsorglichen Beistand.
Er habe geäußert, dass sein Leben so sinnlos sei.
Ich mache mich auf den Weg.
Auf dem Stationsgang werden meine Schritte langsamer.

Noch einmal tief durchatmen.

Was erwartet mich hinter der Tür?
Mein Herz klopft.
Oh, Gott, warum bin ich immer noch ängstlich und aufgeregt,
bevor ich ein Krankenzimmer betrete.

Jemand braucht mich für seine Seele.
Tue ich diesem Menschen gut?
Wird er sich mir gegenüber öffnen und über sich und seine Gefühle
sprechen?

Guter Gott, du lässt dich berühren, bist den Menschen nahe.
Schenke auch mir jetzt Berührung und Begegnung!
Ich klopfe an,
atme noch einmal tief durch.
Ich bin da.

Barbara Palm-Scheidgen

Ich fühle mich hilflos *(Gebet einer Seelsorgerin)*

Gott, ich glaube, ich gewöhne mich nie daran,
wie unfassbar das Leid,
wie stark der Schmerz,
wie groß das Unglück bei manchem Kranken ist.
So schockierend,
dass es mir die Stimme verschlägt,
dass mit die Worte fehlen.
Ich fühle mich hilflos.
Stumm sitze ich neben dem Bett.
Es kostet mich Kraft, nicht aufzustehen,
Klagen, Weinen, Stille auszuhalten.

Doch manchmal kommt etwas in Bewegung.
Blicke treffen sich.
Eine Hand tastet sich vorsichtig über die Bettdecke.
Sanft nehme ich sie an, berge sie in meiner.
Plötzlich spüre ich, du lässt uns nicht im Stich, Gott!

Danke!

Barbara Palm-Scheidgen

FÜR DIE KRANKEN DER GEMEINDE

Fürbitten *(am Welttag der Kranken)*

Mit Maria, unserer Fürsprecherin, wollen wir uns vertrauensvoll an ihren Sohn, unseren Herrn, wenden und ihn bitten:

o Für alle kranken und leidenden Menschen, die ihre Hoffnung auf eine Wallfahrt nach Lourdes setzen, dass sie den Segen und das Heil Gottes erfahren.
V Christus, du unser Heiland:
A Wir bitten dich, erhöre uns.

o Für alle Kranken in den Kliniken, die vor schweren Operationen stehen und Angst haben, dass sie auf dem Weg durch das dunkle Tal ihres Lebens von dir geleitet werden.
V Christus, du guter Hirt:
A Wir bitten dich, erhöre uns.

o Für alle Menschen, die in Hospizen leben, die ihrem baldigen Ende entgegensehen und denen es schwerfällt, Abschied vom Leben zu nehmen.
V Christus, du am Kreuz Gestorbener:
A Wir bitten dich, erhöre uns.

o Für alle Menschen, die unter Depressionen und psychischen Erkrankungen leiden, dass sie durch kluge Beratung, Hilfe und Begleitung neu aufleben können.
V Christus, Herr der Geister:
A Wir bitten dich, erhöre uns.

o Für alle Männer und Frauen, die sich in den Kliniken, Heimen oder zu Hause kranker und pflegebedürftiger Menschen annehmen, dass sie die Liebe, die sie geben, auch selbst erfahren.
V Christus, du Freund der Menschen:
A Wir bitten dich, erhöre uns.

o Für unsere Verstorbenen, die an dich geglaubt und ihre Hoffnung auf das Leben bei Gott gesetzt haben, dass sie sein seliges Licht schauen dürfen.
V Christus, du Auferstandener:
A Wir bitten dich, erhöre uns.

Gott, du tust auch heute noch Wunder – an Orten wie Lourdes und überall dort, wo Menschen sich deiner Führung überlassen wie Maria. Du bist gut in Ewigkeit.

Guido Fuchs

Genesungswünsche ins Krankenhaus

Für einen Besuchsdienst ist es nicht immer möglich, alle Kranken zu besuchen. Ein kleiner Ersatz sind Genesungswünsche durch eine selbst gestaltete Doppelkarte. Auf die Vorderseite wird ein passendes Foto geklebt, die Innenseiten enthalten einen persönlichen Gruß und die Unterschriften aller, die gerne einen Besuch machen würden. Ein Einlegeblatt enthält dazu folgenden Text:

Die Schwiegermutter des Petrus lag mit Fieber im Bett. Sie sprachen mit Jesus über sie, und er ging zu ihr, fasste sie an der Hand und richtete sie auf. Da wich das Fieber von ihr ... (Mk 1,30)

Herr Jesus Christus,
du bist immer für die Kranken da.
Du hilfst auch mir, meine Krankheit zu tragen.
Schau auf mich und nimm mich an deine Hand.
Schenke mir Geduld und Vertrauen,
stärke mich und richte mich wieder auf.
Du bist ja der Heiland der Kranken.
Dir sei Dank und Ehre heute und alle Tage
und in alle Ewigkeit.

Hanns Sauter

Wenn jemand aus dem Seniorenkreis krank ist

Gott, unser Vater, Frau/Herr ... aus unserer Gemeinschaft ist krank.
Wir beten für sie/ihn:

V Du bist die Kraft in ihrer / seiner Schwäche:
A Sei ihr / ihm nahe!
V Du bist das Licht in ihrer / seiner Finsternis:
   Du bist die Ruhe in ihrer / seiner Ruhelosigkeit:
   Du bist der Halt in ihrer / seiner Angst:

Du bist die Hoffnung in ihrem / seinem Dunkel:
Du bist die Geduld in ihrer / seiner Unrast:
Du bist die Hilfe in ihrer / seiner Not:
Du bist das Erbarmen in ihrer / seiner Schuld:
Du bist der Friede in ihrer / seiner Unruhe:
Du bist die Zuversicht in ihrem / seinem Denken:

Gott unser Vater! Nimm unsere/n N. N. in deinen besonderen Schutz und hilf uns, in der rechten Weise für sie/ihn da zu sein. Steh ihr/ihm aber auch allen bei, die um sie /ihn in Sorge sind, und beschenke uns alle mit deinem Segen. Amen.

Hanns Sauter

BIBLISCHE WÜNSCHE

Hörendes Herz

Salomo sprach: Verleih daher deinem Knecht ein hörendes Herz! *(…)*
Da antwortete ihm Gott: Weil du gerade diese Bitte ausgesprochen
hast und nicht um langes Leben, Reichtum oder um den Tod deiner
Feinde, sondern um Einsicht gebeten hast, um auf das Recht zu
hören, werde ich deine Bitte erfüllen. (1 Kön 3,9–11)

Gott,
ich weiß nicht, wo mir der Kopf steht!
N. N. ist krank,
du allein weißt,
wohin das noch führt.
Du weißt aber auch,
wie das uns alle,
die Familie, die Freunde,
ja, sogar die Nachbarn belastet.
Ich weiß schon gar nicht mehr,
was ich N. N. wünschen soll,
worum ich dich bitten soll, Gott.

Ich möchte dich einfach bitten:
Nimm N. N. in deine ganz besondere Obhut.
Sei bei ihm mit deiner ganzen Liebe.

Und ich bitte dich:
Schenke mir und uns allen,
die wir zu ihm gehören,
wie König Salomo ein hörendes Herz.
Lass uns nicht so sehr
mit uns selbst beschäftigt sein
und mit den vielen Fragen des Alltags.
Öffne unsere Sinne und unsere Herzen
für das, was in deinen Augen das Beste ist für N. N.

Schenke auch N. N. ein hörendes Herz.
Schenke Ruhe und Zuversicht,
dass kein Mensch tiefer fallen kann
als in deine guten Hände.

Gott, wer sich auf dich verlässt,
der ist nicht verlassen.
Wenn ich neu hören lerne,
dann spüre ich deine Nähe.
Und wenn du da bist,
dann ist es gut.

Christoph Seidl

Was soll ich dir tun?

*Jesus blieb stehen und sagte: Ruft ihn her! Sie riefen den Blinden
und sagten zu ihm: Hab nur Mut, steh auf, er ruft dich. Da warf
er seinen Mantel weg, sprang auf und lief auf Jesus zu. Und Jesus
fragte ihn: Was soll ich dir tun? Der Blinde antwortete: Rabbuni,
ich möchte wieder sehen können. Da sagte Jesus zu ihm: Geh! Dein
Glaube hat dir geholfen. (Mk 10,49–52)*

Jesus,
ich komme mit der Situation hier
kaum noch zurecht.
N. N. ist krank.
Und du weißt, ich tu, was ich kann,
alle tun, was sie können.
Aber es wird einfach nicht besser.
N. N. ist immer noch krank,
wer weiß, was das noch werden soll.

Ich habe da ein Wort von dir im Ohr,
zum blinden Bartimäus hast du es gesagt
und sonst auch immer wieder mal:
„Was soll ich dir tun?"
Und ich frage mich:
Müsstest du es nicht besser wissen?
Es heißt: Du bist Mensch geworden,
um unsere Krankheiten mit uns zu tragen.
Und du fragst: „Was soll ich dir tun?"

Wenn ich länger überlege, fällt mir ein,
dass Jammern die Sache auch nicht besser macht.
Das Schicksal beklagen, sich Luft machen,

das ist auch mal wichtig.
Aber du fragst: „Was soll ich dir tun?"
Bartimäus antwortete: „Ich möchte wieder sehen können."

Herr, ich möchte auch wieder sehen können,
weiter sehen, als nur von Besuch zu Besuch,
von Arzt zu Arzt, von Infusion zu Tablette.
Ich möchte sehen können, wohin du uns führen willst!
Ich möchte das Leben durch deine Augen sehen können,
auch unseren kranken N. N. mit deinen Augen anschauen können.
Ich möchte vertrauen können,
dass N. N. in deinen Händen geborgen ist.

Herr Jesus, ich bitte dich,
gib auch N. N. den rechten Blick auf das Leben und auf die Krankheit.
Lass ihn sehen, wer sich alles um ihn sorgt.
Lass ihn spüren, dass er nicht alleine ist.
Lass ihn erfahren, dass ihn deine Liebe trägt.

Könntest du das für uns tun?

Christoph Seidl

Ansehen schenken

Gott, richte uns wieder auf! Lass dein Angesicht leuchten, dann ist uns geholfen. (Ps 80,4)

Gott,
siehst du eigentlich,
wie es N. N. geht?
Ich kann kaum noch hinschauen.
Mir tut es in der Seele weh,
dass N. N. so leidet
und dass ich anscheinend nichts für ihn tun kann.
Tatenlos zusehen zu müssen,
das ist furchtbar schwer für mich.

Zusehen.

In der Bibel lese ich öfters,
dass du das Leid der Menschen siehst.
Ist das so?

Als Kind war es mir wichtig,
das mein Vater und meine Mutter sehen,
was ich Tolles gemacht habe.
Sie sollten aber auch sehen,
wenn es mir schlecht ging.
Wenn sie es sahen, war es schon besser.
Wenn du wirklich siehst, wie es uns allen
mit dieser Krankheit geht,
wie es N. N. geht,
dann wäre es auch schon besser.

Lass dein Angesicht leuchten,
dann ist uns geholfen!
So sagt es der Psalm.
Ja, Gott, lass dein Angesicht leuchten,
schenke uns einen freundlichen Blick,
schau auf uns,
schenke uns wieder Ansehen.
Schenke Ansehen, wo ich nicht mehr hinschauen kann.
Schenke unserem kranken N. N. Ansehen,
lass ihn seine Würde spüren,
an die er nicht mehr glauben kann.

Gott, lass deine Angesicht leuchten,
indem du mir hilfst,
trotzdem hinzuschauen,
auch wenn es schwer fällt.

Christoph Seidl

FÜR DICH BETEN – MAL GANZ ANDERS

beten 1

ich
ich weiß
ich weiß nicht
ich weiß nicht was
ich weiß nicht was soll
das bedeuten
dass ich
so bete
als wäre nichts alles
und alles
nichts
gedanken werden leicht
mein knie schmerzt

ich lasse
alle züge fahren
und alle weichen
bis
ich weiß nicht
wohin

Reinhard Kleinewiese

beten 2

ich rief –   nichts
ich weinte –   nichts
ich jubelte –   nichts
ich schrie –   keine Antwort
ich beschwor –   Schweigen
ich klagte –   Stille
ich bettelte –   erfolglos
ich flehte –   vergeblich
ich sang –   tonlos
ich verhandelte –   ohne Ergebnis
ich danke –   wofür?
ich schwieg –
ich lächelte

Reinhard Kleinewiese

beten 3

eine rose im wind
schlittenspuren im schnee
komm, herr jesus, sei unser gast

in allen sternennächten
mit bebenden lippen
müde bin ich, geh zur ruh'

vater, der du bist der himmel
aber wir adams kinder
segne, was du uns bescheret

immerfort empfange ich mich
aber deine frequenz
gelitten, gekreuzigt, begraben

navigation ins blaue
pole spielen verrückt
führst du mich etwa in versuchung?

nachtfalter umschwirren mich
voll der gnade
dann
bau ein haus
bewohn mich
jetzt und in der stunde
vater
unser
amen

Reinhard Kleinewiese

Ach, du bist's, Gott

Ach
du bist's, Gott!
Hätte dich kaum wiedererkannt,
so verändert siehst du aus

Dünn bist du geworden,
hauchdünn,

kaum zu glauben

Verzehrst du dich
etwa
nach mir?

Du, von dem sie sagen,
du seist
vollgesogen mit Leben,
das du mir nicht gönnst.

Du, von dem sie Liebeslieder singen,
und der mir die Sünde übrig lässt.

Stürzt du denn wirklich
die Mächtigen vom Thron,
erhöhst du denn wirklich
mich Niedrigen?
Könnte dir das so passen?

Aber
sag ja
kein Sterbenswörtchen
deinem Sohn.
Am Kreuz
war Erbarmen
war Friede,
warst du zufrieden, Gott?

Wer,
sag mir,
wer
hat sich vor dich gestellt?
Wer
hat dich mir so entstellt,
mein Gott, mein Gott,
warum?

Komm,
setzt dich zu mir an den Tisch,
setz dich für einen Windhauch
an meine Bettkante.
Du weißt ja:

Wir können doch reden
über alles.
Komm,
leg das Bundesbrot
noch einmal
in meine dürren Hände.
Amen.

Reinhard Kleinewiese

SEGENSTEXTE

Segensgebet

V Es segne dich Gott, der Vater,
   der uns durch die Auferstehung seines Sohnes zum Leben befreit
   hat.
A Amen.
V Es heile dich Gott, der Sohn,
   der in seiner Kirche lebt und wirkt.
A Amen.
V Es erleuchte dich Gott, der Heilige Geist,
   damit du den Weg des Heiles erkennen kannst, den Gott dich
   führen will.
A Amen.
V Es segne dich der allmächtige und lebenspendende Gott,
   der Vater + und der Sohn und der Heilige Geist.
A Amen.

Johannes Putzinger

Segen

Wir bitten Gott um seinen Segen.
Wir bitten Gott den Vater, dass er uns in seiner Hand hält
und wir nicht aus seiner Liebe fallen.
Wir bitten seinen Sohn, unseren Bruder Jesus Christus,
dass er als der gute Hirt auch unsere dunklen Wege mit uns geht.
Wir bitten den Heiligen Geist, die Kraft Gottes,
dass er uns tröstet und uns beisteht, uns stärkt und kräftigt.
Um diesen Segen bitten wir:
um den Segen des Vaters, des Sohnes und des Heiligen Geistes.
Amen.

Guido Fuchs

Segensgebet über ein krankes Kind

Jesus hat die Kinder geliebt und sie gesegnet.
Er sei auch mit dir in deiner Krankheit;
Er sei dir nahe, wenn du dich allein fühlst,
mache dir Mut, wenn du Angst hast,
tröste dich, wenn du traurig bist.
Er ist unser Bruder und Heiland,
der auch dich heilen will.

Guido Fuchs

Segensbitte

Wir wollen nun Gott um seinen Segen bitten.
(In einem Gruppengottesdienst könnte die Einladung ausgesprochen werden: Dazu lade ich Sie ein, ihre rechte Hand zwischen die Schulterblätter Ihres rechten Nachbarn/Ihrer rechten Nachbarin zu legen. – Nach einer kurzen Stille wird der Segen gesprochen.)

Der Segen Gottes umhülle uns
so zart wie eine vorsichtige Berührung
so nah wie eine sanfte Umarmung
so warm wie ein schützender Mantel.
Gott sei mit uns
in unserer Angst
in unserer Trauer
in unserer Einsamkeit
in unserem Mut
in unserer Freude.
Er schenke uns Frieden und Heil.
Der Segen Gottes sei mit uns
wie die Hand, die spürbar
zwischen unseren Schulterblättern liegt.

Stille

So segne uns der dreieinige Gott,
Vater, Sohn und Heiliger Geist. Amen

Barbara Palm-Scheidgen

2. KAPITEL

DER HERR IST MEIN ARZT

GEBETE UND MEDITATIONEN FÜR PATIENTINNEN
UND PATIENTEN

„Wie schwierig sind für mich, o Gott, deine Gedanken, wie
gewaltig ist ihre Zahl!" (Ps 139,17)

„Not lehrt beten", sagt eine alte Lebensweisheit. Doch es gibt auch
die gegenteilige Wendung: „Not lehrt fluchen!" Man kann es nicht
vorhersagen, wie ein Mensch reagiert, wenn sich Schicksalsschläge
in sein Leben drängen. Verbreitet ist der Gedanke, dass Menschen „zu
Kreuze kriechen", wenn es ihnen schlecht geht, sich erst dann wieder
daran erinnern, dass es einen Gott gibt, der sie doch aus dieser Not
retten könnte. Zu beobachten ist aber manchmal auch bei gläubigen
und religiösen Menschen, dass sie gerade in Krisenzeiten nicht mehr
beten können. Ich erinnere mich an eine Krankenschwester, die mich
anlässlich eines Besuchs bei einem schwerkranken Priester fragte:
„Sagen Sie mal, glauben Sie eigentlich, was Sie da immer predigen?"
Ich reagierte ein wenig befremdet. Sie fuhr fort: „Ich dachte, die
gläubigen Menschen tun sich leichter mit Krankheit und Sterben.
Aber manchmal habe ich den Eindruck, Pfarrer und Ordensleute
haben genauso viel Angst davor, wenn nicht noch mehr."

Das hat mich sehr nachdenklich gestimmt. Je länger ich darüber
nachdenke, desto mehr bin ich der Überzeugung, dass jeder Mensch
in einer schweren Situation anders reagiert und dass es von vielen
Umständen abhängt, wie leidvolle Erfahrungen verarbeitet werden.
Das geht auch nicht jeden Tag gleich gut. Manchmal fühle ich mich
Gott sehr nahe, manchmal ist er unendlich weit weg. Manchmal
höre ich ihn antworten, manchmal scheint er zu schweigen, als ob
es ihn nicht gäbe. Manche Menschen lernen in Leid und Krankheit
neu das Gespräch mit Gott zu pflegen, andere verlernen es, weil
sie kraftlos oder enttäuscht sind von dem Verlauf, den ihr Leben
gerade nimmt.

In der Heiligen Schrift sind all diese unterschiedlichen „Gotteser-
fahrungen" festgehalten, teils in Geschichten und weisheitlichen Er-
zählungen, teils in Gebeten und Sprichwörtern. Da gibt es Abraham,
der mit Gott über das Schicksal von Sodom und Gomorra verhandelt
wie auf dem Wochenmarkt (Gen 18), da ist Jeremia, der am Tiefpunkt
seines Prophetenlebens an Gott verzweifelt und zugleich festhält an
ihm (Jer 20); schließlich ist auch Ijob bekannt, der keineswegs ein
geduldiger Mensch ist, sondern der beinahe ein ganzes biblisches
Buch lang hadert und schimpft, seinen Gott anklagt und ihn nach
dem Warum fragt. Es gibt Klage- und Fluchpsalmen, die die ganze
Not der Menschheit hinaus schreien, und es gibt Gebete tiefen
Vertrauens, wie auch von dem erwähnten Jeremia: „Doch der Herr
steht mir bei wie ein gewaltiger Held." (Jer 20,11)

Deutlich wird in all diesen Gebeten, dass es hilfreich ist, mit
Gott im Gespräch zu bleiben, selbst wenn sich meine Worte wenig
„fromm" anhören. Gott hält es aus, wenn ich ihn anklage und an-
schreie. Aber es ist gut, ihn als Gegenüber zu wissen, selbst wenn ich
sein Wirken in dieser Welt und in meinem Leben beim besten Willen
nicht mehr begreifen kann. Psalm 139 bringt diese Ratlosigkeit zum
Ausdruck: „Wie schwierig sind für mich, o Gott, deine Gedanken,
wie gewaltig ist ihre Zahl!" (Ps 139,17)

Die folgenden Gebetsimpulse wollen zum Ausdruck bringen,
wie vielfältig Gebet in Leid und Krankheit formuliert sein kann: vertrauensvoll, anklagend, fragend oder auch in meditativer Wiederho-
lung wie im Rosenkranzgebet.

HERR, AUF DICH VERTRAUE ICH

Bleib, Herr, in mir

Das Kreuz, das steht. Die Welt sich dreht, bis sie vergeht.
Bleib Herr in mir! Will leben dir, zu deiner Zier.
Auf dich ich schau, auf dich ich bau, ganz dir vertrau.
Blick auf zu dir, dein Leib ist hier, am Kreuz – und auch in mir.

Michael Rudolf

Alles kann ich Jesus bringen

Alles, was mir das Leben schwer macht, kann ich Jesus bringen.
Meine Sorgen, meine Nöte, meine Krankheiten, meine Schmerzen,
meine Wunden. Er nimmt sie an und trägt sie, mit mir und für mich.
Er stärkt mich durch sein Wort und das Brot des Lebens.

Alles, womit ich anderen das Leben schwer mache, darf ich ihm
auch bringen. Meine Schuld und meine Sünden, den Spott, den
Verrat, die Verleugnung, die Vorurteile. Er nimmt es an und trägt es,
für mich und mit mir. Durch ihn kann ich wieder heil werden, durch
ihn, den gekreuzigten, den liebenden Gott.

Sebastian Braun

Meditation nach Psalm 23

Der Herr ist mein Arzt,
er kann mich heilen.
Er nimmt mich an.
Er gibt mir Zeit und verschafft mir einen Raum,
an dem ich zur Ruhe kommen
und genesen kann.
Er lässt mich aufleben und
zeigt mir, wie ich wieder gehen kann.
Wenn mich mein Weg
durch Leiden führt,
dann brauche ich nicht zu verzweifeln,
denn du bist mir Trost und Halt.

Auf dich kann ich mich verlassen!
Du holst mich
aus meiner Not und Einsamkeit.
Du begleitest mich
auf meinen Wegen.
Du bist da,
umsorgst mich bei Tag und bei Nacht.
Du bist mein Heil für Leib und Seele.
Du bist mein Gott mein Leben lang.

Hanns Sauter

Um neues Vertrauen

Gott, mach mich neu sehnsüchtig – auch nach dir.
Nach einem unerhörten Wort, das mein Herzensohr erreicht;
nach einer Zusage, die bleibt, weil sie mächtig und wahr ist, weil
sie himmlisch ist.
Gott, du kannst es schaffen, meine Schutzmauern zu überspringen;
dir kann es gelingen,
mir vorsichtig mein Schutzschild aus Abwehr und Leugnung
aus der Hand zu nehmen;
dir traue ich zu, mir statt Angst Vertrauen einzuflößen.
Du kennst doch die Wege, hinein in meine Burg.
Dein Sohn, Jesus Christus, ist doch der Weg zum Leben,
die Wahrheit, die frei macht
und die Brücke über den Abgrund.
Ihm traue ich über alle Maßen.
Amen.

Reinhard Kleinewiese

Tu dich kund, Gott

Lass mich unruhig bleiben, Gott,
auch wenn ich dich nicht immer und sogleich finde.
Lass mich dich entdecken, Gott,
   auch in meinen besten Verstecken.
Lass mich dich aufstöbern, Gott,
   auch in meinen finstersten Höhlen.

Lass mich dich erahnen, Gott,
in meiner abgrundtiefen Not.
Lass mich dich hören,
wo ich dich nicht vermute.
Mach dich doch
vernehmbar, Gott.
Tu dich kund.
Nimm das Gespräch an.
Amen.

Reinhard Kleinewiese

Gebet einer hochbetagten Frau

Gott, lieber Gott!
So habe ich dich in meinen Kindertagen angeredet.
Nun bin ich alt und blicke auf ein langes Leben zurück.
Kann ich, möchte ich dich immer noch so nennen – lieb?
Es gab so viele schlimme Ereignisse in meinem Leben,
der Krieg,
traurige Abschiede von nahen Menschen,
die ich ertragen und durchleiden musste.
Manchmal habe ich mich schon gefragt: Wo warst du da, Gott?

Ich spüre, bei mir wird alles weniger,
meine Kräfte lassen nach,
das Laufen geht nur noch langsam mit dem Rollator.
Sehen und Hören kann ich auch nicht mehr gut
und selbst das Essen schmeckt mit nicht mehr so wie früher.
Ich komme kaum noch irgendwohin –
wie sehr vermisse ich doch meinen lieben Mann!
Und meine Bekannten sind auch alt und oft krank oder bereits tot.
Doch ich will mich nicht nur beklagen.
Ich bin ja immer noch in meiner gewohnten Umgebung, zu Hause.
Jeden morgen kommt der Pflegedienst
und hilft mir beim Strümpfe Anziehen.
Und auch meine Kinder und Enkel besuchen mich regelmäßig
und kümmern sich, soweit es ihre Zeit erlaubt.
Ich bin nicht ganz allein.
Und du, lieber Gott – ja ich spreche dich doch so an –,
bist doch bei mir.

Das spüre ich immer wieder, auch wenn ich manchmal hadere.
Bleibe weiterhin da, ich brauche dich.
Danke!

Barbara Palm-Scheidgen

Steil und steinig

Gott,
ich höre dich sagen: Komm, hab Vertrauen.
Doch der Weg scheint mir steil und lang,
die Stufen so viele.
Ich zweifle an meiner Kraft.
Komm, hab Vertrauen,
sagst du noch einmal.
Und wie ich den ersten Schritt wage,
finde ich in ihm den Mut zum nächsten.
Da weiß ich,
du gehst mit,
stehst immer auf derselben Stufe,
wartest, wenn ich Rast brauche,
und bringst mich sicher ans Ziel.

Christoph Seidl

GOTT, WO BIST DU?

Manchmal bist du uns fremd

Guter Gott,
manchmal ahnen wir, dass du an uns denkst,
manchmal spüren wir, dass du uns begleitest.
Dann bist du uns nah.
Dann geht das Leben auf.
Dann glauben wir fest.

Aber manchmal bist du uns fremd,
und deine Liebe ist schwer zu begreifen.
Dann passt nichts zusammen.
Dann zweifeln wir doch.

Wenn wir nicht weiter wissen, Gott,
uns alleine wähnen oder verrannt haben,
dann zeig dich, dann sprich zu uns durch dein Wort.
Dein Wort, das uns stärkt,
das uns sagt, was gut ist, das uns hoffen lässt.

So bitten wir dich heute:
Sprich wieder neu zu uns, um uns zu vergewissern,
unsrer Hoffnung Grund zu geben,
und Wege zu weisen, die wir gehen können.
Amen.

Reinhard Kleinewiese

Wohin ist das Glück gegangen?

Manchmal frag ich mich:
Bin ich denn hier ganz allein?
Ich schau zurück und denk bei dir:
Soll das wirklich alles sein? Wo ist der Sinn?
Wer ist da, der mir meine Fragen klärt, der mir den Sinn erklärt?
Wo führt das hin?
Wer ist da, der mir löst, was mir unlösbar scheinen will?
Ich weiß nicht, ob ich glauben kann:
Da ist einer, der diesen Weg mit mir geht?

Gott, wenn du willst, sprich ein Wort – mir zu. Sag: „ Ich sehe deine Spur. Ich sehe die Kreise, die dein Leben zieht. Ich bin der, der zu dir hält. Komm du nur mit.
Nah bei mir erfüllt sich dein Wunsch nach Nähe; werden deine Fragen still."
Ich möchte glauben, komm mir doch entgegen, Gott.

Reinhard Kleinewiese

Ist Gott bei mir?

Gott meines Lebens, ist es wahr, dass du uns suchst?
Dass du sehnsüchtig bist auch nach
mir?
Dass du dich mit deiner ganzen Fülle des Lebens ausstreckst,
um mich in meiner Krankheit zu berühren?
Was gäbe ich dafür,
wenn ich in meinen Fragen und Zweifeln einen Ort finden könnte,
der mir in dieser Frage Gewissheit schenken würde!
Einen Ort, der mich
einlädt zu verweilen;
einen Raum, der mich
umgibt mit Sicherheit;
einen Platz, an dem du
mich findest;
ein Boot auf stürmischer See,
in welches dein Sohn, Jesus, zu mir steigt,
mir die Hand auflegt und ein Wort spricht,
mit dem sich der Sturm legt.
Das wäre mein Heil.
Das
ist es.
Amen.

Reinhard Kleinewiese

Meine Gedanken kreisen unentwegt

Nein, nein, nein!
Das kann nicht sein.
Warum nur?
Gerade habe ich das Ergebnis der Gewebeprobe erfahren:
Positiv!

Was ist daran positiv, Krebs zu haben?
Wie erstarrt saß ich da,
konnte nichts sagen,
wollte nichts weiter hören.

Der Arzt sagte,
    er komme später noch einmal wieder,
    um alles in Ruhe mit mir zu besprechen.

In Ruhe?

Meine Gedanken kreisen unentwegt,
mein Puls rast.

Krebs,
nur dieses eine Wort
frisst sich wie ein schlimmes Geschwür in mich hinein.

Das darf einfach nicht sein!
Ich will es nicht glauben.
Warum gerade ich?
Wie soll das nur werden?
Was kommt auf mich zu?
Und meine Familie?
Oh, Gott, wenn es die Kinder erfahren?

Ich bin völlig verzweifelt.
Hast du mich denn ganz und gar verlassen?
Hilf mir doch, Gott!
Ich habe solche Angst!

Barbara Palm-Scheidgen

Himmel

Manchmal glauben wir nicht, dass es einen Himmel gibt:
wenn uns eine Krankheit trifft,
wenn uns Schmerzen quälen,
wenn uns die Hoffnung verlässt
und wir mutlos sind.

Manchmal spüren wir ein Stück Himmel:
wenn wir uns besser fühlen,
wenn wir eine gute Nachricht erhalten,
wenn uns jemand gut zuredet
und wir Liebe spüren.

Jesus ist aus dem Himmel
auf die Erde gekommen.
Er hat Hoffnung gebracht
und sagt uns auch heute:
„Ich bin bei euch alle Tage, bis zum Ende der Welt."

Hanns Sauter

Steine auf meinem Weg

Gott,
es gibt wohl keinen Lebensweg, der keine Steine kennt.
Manchmal spielt das Leben ein Spiel mit mir,
das ich beim besten Willen nicht begreife.
Andere werden schuldig an mir,
ich werde schuldig an anderen.
Du bist in MEIN Leben gekommen,
um mir zu sagen:
Begib dich in den Fluss des Lebens,
geh immer wieder weiter,
bleib niemals stehen,
lass Altes liegen und trage nicht nach.
Denn du selbst machst immer wieder etwas Neues,
schenkst neuen Anfang, wo wir Menschen nur Tod sehen.
Gott, was immer mein Leben belastet und dunkel macht,
mach es hell mit deiner Liebe.
Vergib mir und hilf mir vergeben.

Christoph Seidl

Auf Augenhöhe

Von Angesicht zu Angesicht
– auf Augenhöhe
sich ansehen, sich wahrnehmen
spüren, da ist jemand, der schaut
Jeder und jede braucht Ansehen
Nicht herab blicken oder zur Seite
– Blickkontakt halten
Auch wenn ich mich verstecken will
hinter meiner Angst,
meinem Schmerz, meinem Leid,
meiner Scham, meiner Wut,
meinen Tränen
Was zerbrochen ist, lass uns aufheben,
zusammenfügen oder beiseite legen
Von Angesicht zu Angesicht
Ich und Du
Gottes Ebenbild
Sucht mein Angesicht!

Barbara Palm-Scheidgen

GEBETE ZUM HEILIGEN GEIST

Komm, Tröster Geist

Ein altes ärztliches Sprichwort lautet: „Heilen manchmal, lindern oft, trösten immer."
Die Worte Trösten und Treue sind wortgeschichtlich verwandt, ebenso das englische Wort tree – Baum.

Höchster Tröster in der Zeit,
Gast, der Herz und Sinn erfreut,
köstlich Labsal in der Not.

Komm, Tröster Geist,
komm in meine Not, in meine Krankheit, in mein Leben.
Sei mein Trost,
wenn ich nicht mehr weiter weiß, damit ich nicht verzage.
Sei meine starke Schulter,
an die ich mich anlehnen kann, damit ich nicht falle.
Sei mein treuer Begleiter,

der alle Wege mit mir geht, wohin sie mich auch führen.
Komm Tröster Geist,
komm in meine Einsamkeit,
wenn alle Besucher gegangen sind,
wenn heute keiner Zeit hat,
wenn alle Angst haben, mich so zu sehen.
Sei du mein Gast,
nimm Platz an meiner Seite und lass mich nicht allein.
Sei du meine Freude,
wenn mir alles grau und trist erscheint.
Sei du mein treuer Begleiter,
der immer um mich herum ist,

unsichtbar, doch voller Trost.
Komm Tröster Geist,
komm in das Gewirr meiner Gedanken.
Manchmal ist mein Kopf leer,
manchmal schmerzt er,
manchmal geht alles durcheinander.
Sei du meine Labsal,

zeige mir einen Pfad durch das Dickicht meiner Sorgen.
Sei du meine Erfrischung,
hilf mir auf, wo ich erschöpft und niedergeschlagen bin.
Sei du mein treuer Begleiter,
meine Hoffnung, meine Klarheit,
mein immer neuer Mut.

Christoph Seidl

Gottes belebender Hauch

Was Menschen belebt, ist Gottes Atem.
Die Bibel erzählt: Wo immer Menschen an die Grenze geraten,
dürfen sie von Neuem Gottes belebenden Hauch erfahren. Sehr ein-
dringlich schildert der Evangelist Johannes die Begegnung Jesu mit
seinen Jüngern am Abend des ersten Tages der Woche: Er kommt
in ihre Verschlossenheit und haucht sie an mit seinem Geist (Joh
20,19.22)

> *Ohne dein lebendig Wehn*
> *kann im Menschen nichts bestehn*
> *kann nichts heil sein noch gesund.*

Komm Heiliger Geist,
Gottes belebender Hauch.
Lass dich erfahren in meinem Leben.
Ich bin an meine Grenze gelangt,
nichts ist so, wie es sein sollte,
wie ich es gerne hätte.

Wenn mich aller Mut verlässt, erfrische mich mit neuer Kraft.
Wenn mich alle Hoffnung verlässt, erhalte mich mit deinem Hauch.
Wenn mich alle Freunde verlassen, begleite mich mit deinem Arm.
Wenn mich alle Lebensfreude verlässt, zaubere ein Lächeln auf mein
Gesicht.

Wenn mir alles weh tut, schenke Linderung meinen Schmerzen.
Wenn mir keiner sagt, wie es steht, schenke mir Gelassenheit.
Wenn mir keiner erklärt, wie es weiter geht, schenke mir ein inneres
Licht.

Wenn ich meine, sie reden über mich, schenke mir ein dickes Fell.
Wenn ich viel Geduld für meinen Weg brauche, belebe mich mit langem Atem.
Wenn mich mein Leben einholt, tröste mich: „Du darfst so sein!"
Wenn mich Ängste gefangen nehmen, reiß mich heraus und mach mich frei.
Wenn mich Erinnerungen quälen, so sprich zu mir: „Lass es gut sein!"

Komm Heiliger Geist,
komm mit deinem lebendigen Wehn!
Erfülle mein Zimmer mit deinem Hauch!
Erfülle mein Inneres mit deiner Kraft!
Erfülle mein ganzes Leben mit deinem Segen!

Christoph Seidl

ROSENKRANZGEBET ZU JESUS, DEM HEILAND

1. Jesus, der den Blinden sehend gemacht hat
2. Jesus, der den Gelähmten aufgerichtet hat
3. Jesus, der den Aussätzigen rein gemacht hat
4. Jesus, der den Taubstummen geheilt hat
5. Jesus, der den Besessenen frei gemacht hat

ERÖFFNUNG

Lied   GL 421,1–2 (Mein Hirt ist Gott der Herr)

Einführung   Wir nennen Jesus Christus unseren Herrn, unseren Bruder, Messias und Menschensohn. Eines der schönsten Worte, mit dem wir ihn ansprechen und ihn bezeichnen, lautet „Heiland". Ein altes deutsches Wort, das so deutlich sagt, wer Jesus für uns ist: Er ist einer, der Menschen heil machte und noch immer heil machen kann. Schauen wir auf ihn, den Heiland, der sich so vielen Menschen zuwandte und ihnen half. Bringen auch wir vor ihn, was uns niederdrückt und krank macht, was uns belastet und ängstigt – vor allem unsere Kranken selbst, die auf Heilung hoffen. Bitten wir ihn auf die Fürsprache seiner Mutter Maria, dass er uns aufrichte, gesund und wieder froh mache.

ROSENKRANZGESÄTZE

Schrifttext   Mk 10,46–52
Gesätz   Jesus, der den Blinden sehend gemacht hat
Liedstrophe   Maria, sei gegrüßt (S. 45), 1. Str.

Schrifttext   Mk 2,1–12
Gesätz   Jesus, der den Gelähmten aufgerichtet hat
Liedstrophe   Maria, sei gegrüßt, 2. Str.

Schrifttext	Mk 1,40–45
Gesätz	Jesus, der den Aussätzigen rein gemacht hat
Liedstrophe	Maria, sei gegrüßt, 3. Str.

Schrifttext	Mk 7,31–37
Gesätz	Jesus, der den Taubstummen geheilt hat
Liedstrophe	Maria, sei gegrüßt, 4. Str.

Schrifttext	Mk 5,1–20
Gesätz	Jesus, der den Besessenen frei gemacht hat
Liedstrophe	Maria, sei gegrüßt, 5. Str.

ABSCHLUSS

Gebet Menschenliebender Gott, du willst uns anrühren in deinem Sohn Jesus Christus und uns heil machen. Erhalte uns auf die Fürsprache der seligen Gottesmutter Maria in seiner Nähe, dass wir dich spüren und deine Heiligkeit auch uns ergreift. Darum bitten wir durch Christus, unseren Herrn.

Guido Fuchs

LIED ZUM ROSENKRANZGEBET

1. Maria, sei gegrüßt
mit deinem lieben Sohn,
der unsre Blindheit löst
und als das Licht der Welt
die dunkle Nacht erhellt.
Bitt Gott für uns, Maria.

2. Maria, sei gegrüßt
mit deinem lieben Sohn,
der uns die Schuld vergibt;
er lässt uns aufrecht stehn,
in neuer Würde gehn.
Bitt Gott für uns, Maria.

3. Maria, sei gegrüßt
mit deinem lieben Sohn,
der liebevoll berührt
die an den Rand gestellt,
verstoßen von der Welt.
Bitt Gott für uns, Maria.

4. Maria, sei gegrüßt
mit deinem lieben Sohn.
Das Wort, das Fleisch annahm,
macht Gottes Heil uns kund,
öffnet uns Ohr und Mund.
Bitt Gott für uns, Maria.

5. Maria, sei gegrüßt
mit deinem lieben Sohn,
der uns befreien will
von dem, was uns beengt,
im Innern uns bedrängt.
Bitt Gott für uns, Maria.

T: Hans-Dieter Fischer (nach GL 1975, 590)
M: zu singen nach GL 1975, 590

3. KAPITEL

ICH BIN NICHT ALLEIN

GEBETE DES KRANKEN FÜR DIE SORGENDEN UND
PFLEGENDEN

„Denn er befiehlt seinen Engeln, dich zu behüten auf all deinen
Wegen." (Ps 91,11)

Wenn ein Mensch krank ist, dann ist das nie nur seine persönliche
Angelegenheit. In aller Regel ist davon stets auch ein soziales Umfeld betroffen, Partner oder Partnerin, Familie, Freunde. Unter den
Angehörigen befinden sich meistens viele „gute Geister", die im
Krankheitsfall zur Seite stehen, Aufgaben übernehmen, die Pflege
koordinieren. Manchmal gibt es aber gerade im persönlichen Umfeld
auch komplizierte Beziehungen oder Beziehungsgeflechte, deren
Tragweite in der Krise erst recht offenbar wird. Nicht selten sind
solche problematischen Beziehungen sogar ein wesentlicher Teil der
gesamtmenschlichen Not. Da gäbe es zum Beispiel noch einen Sohn,
der sich aber nie blicken lässt. Oder es gibt eine Mutter, zu der das
Verhältnis eher gespannt ist. In gesunden Tagen kann man damit
irgendwie umgehen, in der Krankheit kann so ein Missverhältnis
eine große zusätzliche Belastung darstellen.

Über die Angehörigen und das engere soziale Umfeld hinaus
kommen in der Krankheit oft bisher völlig unbekannte Menschen
ins Spiel, die von Berufs wegen oder ehrenamtlich mit dem Kranken
zu tun haben: Pflegende, Ärztinnen und Ärzte, Sozialdienste, Be-
suchsdienste. Zum einen oder anderen von ihnen kann sich in län-
gerer Krankheit ein wichtiges Vertrauensverhältnis entwickeln. Wenn
in dieser Situation jemand neu zum engeren Kreis der Patienten hinzu
stößt, spricht man gerne von „Zugehörigen". Ihnen kommt in der
Sorge um die kranken Menschen eine hohe Bedeutung zu.

Die Heilige Schrift spricht immer wieder von Engeln, die wichtige
Begleiter- oder Botenaufgaben erfüllen. Ist jemand krank, gibt es eine ganze Reihe von „Engeln", die ihm an der Seite stehen und ihn

– offensichtlich oder weniger wahrnehmbar – in seiner Situation mit-
tragen. Das Wort aus Psalm 91 wird hier oft zu einer bedeutsamen
Lebenswirklichkeit: „Denn er befiehlt seinen Engeln, dich zu behüten
auf all deinen Wegen." (Ps 91,11)

Vielleicht würden sich manche Menschen nicht so einsam fühlen,
wenn sie diejenigen mehr in den Blick nehmen würden, die sich
tagtäglich um sie kümmern. Vielleicht würde sich dann so manche
Krankenschwester oder auch so manche Reinigungsfrau als „Engel"
entpuppen.

Dieses Kapitel enthält einige Vorschläge, wie Kranke für die
Menschen beten könnten, die einem wohl nicht zufällig an die Seite
gestellt sind. Auch hier geht es – wie so oft beim Gebet – um eine
Schule der Achtsamkeit. Manchmal hält sich Gott gar nicht so ver-
steckt, wie es auf den ersten Blick scheint.

GEBETE FÜR FAMILIENANGEHÖRIGE

Eine kranke Ehefrau für ihren Mann

Ach Gott,
ich mache mir große Sorgen um meinen Mann.
Ich bin so schwach und krank und kann nichts für ihn tun.
Immer war ich für ihn da,
und er braucht mich doch so.
Ich weiß nicht, wie es weitergehen soll.
Gott, kümmere du dich um ihn!
Hilfe ist ja da, aber er müsste sie auch annehmen können.
Gott, bitte schau auf meinen Mann,
damit er gut versorgt ist
und ich eine große Sorge weniger habe.

Wir waren nicht immer ganz gut zueinander,
manchmal haben wir keine Gelegenheit zum Streit ausgelassen,
jeder wollte Recht haben.
Aber jetzt bin ich so froh,
dass wir diese Zeiten durchgestanden haben.
Ich bin froh um ihn,
ich bin froh, nicht allein zu sein.
Aber bitte, Gott,
lass du ihn auch nicht allein!
Amen.

Christoph Seidl

Ein kranker Ehemann für seine Frau

Gott,
meine Frau ist schon eine Gute.
Du weißt, das war nicht immer einfach mit uns beiden.
Aber jetzt bin ich so froh, dass ich sie habe.
Mir tut es leid, dass ich manchmal so zu ihr war.
Ich wundere mich sogar,
dass sie jetzt so selbstverständlich für mich da ist.
Manchmal denke ich, sie macht sich sogar zu viele Sorgen,
soviel habe ich gar nicht verdient ... Wenn ich sie nicht hätte!

Gott, gib ihr genügend Kraft
für den schweren Weg mit mir.
Sie hat es nicht leicht mit mir.
Ich versuche, ihr das auch selbst zu sagen.

Danke, Gott, dass ich nicht allein bin.
Eine Bitte hätte ich schon:
Pass gut auf sie auf, dass sie nicht auch krank wird!
Amen.

Christoph Seidl

Ein krankes Elternteil für die Kinder

Gott,
Dauernd muss ich an unsere Kinder denken.
Ich bin krank und kann mich gar nicht um sie kümmern.
Ich habe keine Kraft dazu.
Und im Krankenhaus bin ich so ganz aus dem Betrieb draußen.

Gott,
mein Mann / meine Frau wird das schon hinkriegen.
Aber ich mach mir trotzdem Sorgen, dass es ihm / ihr zu viel wird.
Du kennst N. N. doch,
und du kennst unsere Kinder.
Du weißt doch, was sie zurzeit am meisten brauchen.

Nimm ihnen ihre Sorgen um mich,
lass sie doch auch ein wenig Unbeschwertheit erleben.
Pass auf sie auf, wo ich nicht aufpassen kann.
Tröste sie, wenn sie traurig sind,
gib ihnen Kraft, wenn sie mutlos sind.
Ich habe zurzeit selbst keine Kraft.

Segne meinen Mann / meine Frau
und gibt ihm / ihr Zuversicht, dass es schon werden wird.
Segne meine Familie und alle, die im Hintergrund da sind,
für sie und auch für mich.
Amen.

Christoph Seidl

Für die pflegenden Angehörigen

Gott,
ich hätte nie gedacht, dass es mir auch einmal so geht:
Ich brauche Pflege.
Ich muss mir bei so vielem helfen lassen:
Sogar beim Waschen und beim Toilettengang.
Ich komme mir so hilflos und ausgeliefert vor.
Mir ist das oft so peinlich, so unangenehm.
Was immer selbstverständlich und nicht der Rede wert war,
dazu brauche ich jetzt jemanden.

Ich bin ja so froh, dass ich N. und N. habe.
Sogar aus der Nachbarschaft kommt N.
Die machen das alle so nett und unaufgeregt.
Auch die Schwestern vom Pflegedienst,
die regelmäßig kommen.
So jung und so fleißig, so vorsichtig, so diskret.
Wirklich angenehm.
Und trotzdem schäme ich mich jedes Mal wieder.

Gott, ich kann mich gar nicht genug bedanken
bei denen, die für mich da sind.
Bitte vergilt ihnen das Gute, das sie mir schenken.
Und verzeih mir, wenn ich manchmal so ungeduldig bin.
Schenke mir die Kraft, dass ich das alles aushalten kann.
Sei du bei mir und bei uns allen.
Amen.

Christoph Seidl

Fürbitt-Gebet

Behüte, Herr, die ich Dir anbefehle,
die mir verbunden sind und mir verwandt.
Erhalte sie gesund an Leib und Seele
und führe sie an Deiner guten Hand,

sie alle, die mir ihr Vertrauen schenken
und die mir so viel Gutes schon getan.
In Liebe will ich dankbar an sie denken,
o Herr, nimm Dich in Güte ihrer an.

Um manchen Menschen mache ich mir Sorgen,
und möcht ihm helfen, doch ich kann es nicht.
Ich wünschte nur, er wär bei Dir geborgen
und fände aus dem Dunkel in Dein Licht.

Du ließest mir so viele schon begegnen,
so lang ich lebe, seit ich denken kann.
Ich bitte Dich, Du wollest alle segnen,
sei mir und ihnen immer zugetan.

Lothar Zenetti © Strube-Verlag, München

GEBETE FÜR PFLEGEPERSONAL UND ÄRZTE

Gebet für die Pflegenden

Du mein Gott,
mir geht's gar nicht gut,
aber ich kann mich selber schon nicht mehr jammern hören.
Ich möchte auch dankbar sein
für die vielen helfenden Hände, die für mich da sind.
So viele Schwestern und Pfleger kümmern sich um mich.
Ich sehe, wie sie rennen von einem zum andern.
Kaum ein bisschen Zeit für ein Gespräch.
In deren Haut möchte ich auch nicht stecken.
Die Arbeit ist bestimmt nicht leicht.
Umso mehr staune ich, wie freundlich sie sind.
Besonders gern habe ich N. N.,
die / der ist immer so nett zu mir.
Wenn die / der zur Tür reinkommt,
dann ist es mir, als ob die Sonne aufgeht.
Danke, Gott, für die Menschen, die für mich da sind.
Lohne ihren Einsatz, Gott,
und schütze sie, damit sie ihre Kraft und den Mut nicht zu schnell
verlieren.

Christoph Seidl

Gebet einer Kranken für ihre Ärztin

Barmherziger Gott,
seit zwei Wochen bin ich schon Patientin auf der
geriatrischen Station.
Inzwischen ist mir alles vertrauter:
der Tagesablauf,
die Therapien,
das Essen
und die Schwestern und Pfleger.
Ich mag besonders meine behandelnde Ärztin.
Sie erscheint mir noch so jung!

Bei der täglichen Visite
findet sie immer ein freundliches Wort, lächelt viel.
Ich weiß, dass dies nicht selbstverständlich ist
bei dem enormen Zeitdruck und ihrem anstrengenden Dienst!
Langsam, deutlich und ruhig hat sie mir erklärt,
warum ich so gestürzt bin und woher mein Schwindel kommt.
Ich habe alles verstanden, obwohl ich doch schlecht höre.

Guter Gott, wie froh bin ich dass es solche Ärzte gibt,
die sich in einen kranken Menschen einfühlen können.
Ich bitte dich, beschütze diese junge Frau,
stärke sie und erhalte ihr die Freude
an ihrem so verantwortungsvollen Beruf!

Barbara Palm-Scheidgen

Gebet für das Operations-Team

Gott,
mir graut.
Morgen werde ich operiert.
Heute hatte ich das Aufklärungsgespräch,
da ist mir ganz anders geworden.
Was da alles passieren kann!
Aber es wird schon gut gehen.

Gott, ich bitte dich für die, die mich morgen operieren:
Steh ihnen bei in ihren schwierigen Aufgaben.
Gib dem Chirurgen eine sichere Hand,
einen guten Schlaf heute Nacht
und eine gute Laune.
Gib allen, die für mich da sein werden,
deinen guten Geist, damit alles gut wird.

Lass mich ruhig in die Operation hineingehen.
Segne alle Ärzte und Pflegenden,
segne mich und alle Kranken. Amen.

Christoph Seidl

GEBETE FÜR BESUCHENDE UND ANDERE „ENGEL"

Gebet für eine Besucherin

Guter Gott!
Meine liebe Nachbarin hat mich soeben besucht.
Sie schaute etwas erschrocken, als sie ins Zimmer trat.
Hat mich die Krankheit so verändert?
Oder fühlte sie sich unsicher von der ganzen Atmosphäre hier?
Schön war, dass sie sich mit dem Stuhl nahe an mein Bett setzte
und wir uns gut anschauen konnten.
Sie brachte mir ein Schälchen selbst gekochtes Apfelmus mit.
Wie aufmerksam von ihr!
Das kann ich gut schlucken
und ist einmal eine schöne Abwechslung zu
meiner Krankenhauskost.
Viel erzählte sie mir von zu Hause
und was es in der Nachbarschaft und der Gemeinde
an Neuigkeiten gibt.

Ich spüre, wie weit weg das alles von mir ist.
Werde ich überhaupt wieder in meine alte Wohnung
zurückkehren können?
Sie legt ihre Hand auf meine und sagt mit warmer Stimme:
„Hoffentlich bist du auch bald wieder dabei!
Ich soll dich von allen Bekannten herzlich grüßen
und gute Besserung wünschen!"
Wie gut es tut zu hören,
dass die Anderen noch an mich denken und mich vermissen!

Gott, ich danke dir für das Geschenk
des Besuchs meiner Nachbarin!
Segne sie ganz besonders und alle meine Bekannten.
Auch wenn ich jetzt erschöpft bin,
fühle ich mich angeregt
und habe etwas frischen Mut geschöpft.

Barbara Palm-Scheidgen

Gebet für eine „Lila Dame" (für die Dame vom Besuchsdienst)

Heute hatte ich, Gott, einen schönen unerwarteten Besuch.
Die Zeit kroch für mich langsam dahin,
als es auf einmal klopfte
und eine ältere Frau in einem
hellen fliederfarbenen Kittel hereinkam.
Sie stellte sich mir als Lila Dame vor und fragte,
ob ich etwas brauche.
Ich bat sie, mir mein Bettjäckchen aus dem Schrank zu holen,
mir das Bettkopfteil höher zu stellen
und sich dann zu mir neben das Bett zu setzen.

Was für eine wohltuende Abwechslung!
Endlich einmal jemand, der Zeit hatte,
und dem ich erzählen konnte,
was mir auf dem Herzen liegt und wie es mir hier geht.
Das tat mir so gut!

Als sie hörte, dass ich früher
im Frauenkreis der Gemeinde aktiv war,
fragte sie, ob ich vielleicht noch ein Gebet sprechen möchte.
Wie war das schön, meinen Lieblingspsalm vom guten Hirten
gemeinsam mit dieser lieben Dame zu beten!

Gütiger Gott, ermutige doch mehr Menschen
zu diesem wertvollen ehrenamtlichen Dienst
im Krankenhaus oder in Altenheimen.

Und danke, dass du mir gerade heute diesen Menschen
geschickt hast!

Barbara Palm-Scheidgen

Gebet für die Dame vom Sozialdienst

Gerade war die Dame vom Sozialdienst wieder bei mir.
Ich mag sie, sie ist wie ein Engel für mich.
Mein Elend kann sie mir auch nicht nehmen,
aber immer, wenn ich sie sehe,
denke ich bei mir: Es wird schon alles gut werden.

Sie kümmert sich so rührend um mich,
als wenn sie nur für mich ganz allein arbeiten würde.
Und sie schaut mich so nett an, nimmt meine Hand,
und wenn ich weinen muss, dann tröstet sie mich.

Gott, danke, dass du sie mir geschickt hast.
Ob du mich wohl doch nicht vergessen hast?

Christoph Seidl

Gebet für die Reinigungsfrau im Krankenhaus

Jeden Tag macht sie alles sauber hier um mich herum.
Jetzt weiß ich schon ihren Namen, N. N.,
und auch ein bisschen was von ihrer Familie.
Erst habe ich mich gestört gefühlt,
wenn sie reinkam. Es war so laut und so unruhig.
Mittlerweile freue ich mich, wenn sie kommt.
Mit ihr kann ich mich so gut unterhalten.
Schaut so aus, als ob sie am meisten Zeit hätte zum Reden.
Die bleibt auch mal eine Minute stehen
und hört sich meine Sorgen an.
Sie ist gar nicht von hier.
Wenn sie hier nicht sauber machen würde,
hätte ich vielleicht nie ein Gespräch mit ihr angefangen.
Aber sie ist so freundlich zu mir.
Danke, Gott, für diese nette Frau,
sie tut mir richtig gut!

Christoph Seidl

Gebet für den Kranken neben mir im Zimmer

Unsere Krankheit hat uns in diesem Zimmer zusammengeführt.
Ich weiß nicht, ob wir uns sonst je kennengelernt hätten.
Aber die gleichen Sorgen verbinden uns.

Eigentlich hätte ich lieber meine Ruhe gehabt,
aber mittlerweile bin ich ganz froh um N. N. neben mir.
Wir können uns austauschen über unsere Familien,
unsere Arbeit, unsere Sorgen, unsere Angst.

Wenn ich N. N. so erzählen höre,
dann ist meine Angst auf einmal nicht mehr so groß.
Es tut gut, jemanden an der Seite zu haben.

Und manchmal frage ich mich,
ob N. N. nicht auch so ein Engel ist,
den du mir an die Seite stellst.

Hilf ihm / ihr bitte auch in seiner / ihrer Not.
Du weißt, dass er / sie sich auch fürchtet vor dem,
was noch kommen kann.

Nimm uns beide unter deinen Schutz, Gott.
Uns und alle Kranken. Amen.

Christoph Seidl

4. KAPITEL
DU DECKST MIR DEN TISCH
TEXTE ZUR GESTALTUNG DER FEIER DER
KRANKENKOMMUNION

„Steh auf und iss!
Sonst ist der Weg zu weit für dich!" (1 Kön 19,7)

„Essen und Trinken hält Leib und Seele zusammen." Diese alte
Lebensweisheit trifft in besonders schöner Weise auf das Erleben der
Gläubigen bei der Eucharistiefeier zu. Wenn Jesus in der Nacht vor
seinem Tod das gemeinsame Mahl zum bleibenden Denkmal seiner
Liebe und Gegenwart unter der Menschen einsetzt, dann sicher
auch in dem Bewusstsein, dass nichts so gemeinschaftsfördernd
und zugleich persönlich und intim ist wie Essen und Trinken. Die
heilige Kommunion bewirkt in besonders intensiver Weise ebenso
eine persönliche, innige Begegnung mit dem Herrn wie auch eine
stärkende und ermutigende Gemeinschaftserfahrung mit den
Gläubigen in der Gemeinde.

In Zeiten der Krankheit sind Menschen auf beides besonders
angewiesen: einerseits auf die Erfahrung, dass Gott mich nicht
vergessen hat, dass er mich nicht „straft" mit meiner Krankheit,
dass er jetzt nicht fern von mir ist, da ich ihn so notwendig brauche;
andererseits auf die Zusage, dass ich als kranker Mensch nicht
ausgegrenzt bin vom Leben der Gemeinschaft, auch wenn ich ans
Bett oder an die Wohnung gefesselt bin, dass ich nach wie vor Teil
der Gemeinde bin mit gleicher Würde und Wertschätzung, auch
wenn ich derzeit weder zur Leistung noch zur Geselligkeit in dieser
Gemeinde beitragen kann.

Die Erzählung von Elija in der Wüste, der nicht nur an sich und
seiner Erfolglosigkeit, sondern damit auch an Gott und seinem Wort
verzweifelt, veranschaulicht sehr schön, wie Essen und Trinken zum
entscheidenden Impuls werden kann, es wieder zu wagen und das
nächste Stück Weg auf sich zu nehmen. Immerhin wachsen dem

enttäuschten Propheten solche Kräfte zu, dass er 40 Tage und Nächte bis zum Gottesberg Horeb wandert (1 Kön 19,8). Die Stärkung in der Wüste ist keineswegs das Ziel seines Weges, aber ohne diese Stärkung hätte er seinen Weg nicht mehr fortsetzen können.

Bewegend wirkt auch die Schilderung, dass der Engel des Herrn ihn zweimal anrührt, bis Elija der Einladung Folge leistet. Manchmal brauchen Menschen, die darnieder liegen, mehrere Anstöße, bis sie Hilfe und Stärkung in Anspruch nehmen. Manche wollen nicht zur Last fallen, andere halten sich nicht für würdig, wieder andere denken vielleicht: Das hilft jetzt auch nichts mehr. Kranke Menschen melden sich nicht immer von selbst, dass sie die Kommunion empfangen möchten. Engel sind gefragt!

In diesem Kapitel werden neben einer Grundform der Feier der Krankenkommunion verschiedene Texte und Gebete zur Gestaltung angeboten. Entscheidend ist, dass die Feier sorgfältig und liebevoll vorbereitet wird und auch in der Länge dem Gesundheitszustand des Besuchten angemessen ist. Selbstverständlich können auch Elemente aus dem 5. Kapitel für die Gestaltung der Kommunionfeier dazu kombiniert werden.

RITUS DER KRANKENKOMMUNION

Der Kommunionhelfer begrüßt den Kranken und alle Anwesenden. Wenn Kerzen aufgestellt sind, werden sie entzündet. Dann wird das Allerheiligste in der Pyxis hervorgeholt und auf den Tisch gelegt. Es folgt das Kreuzzeichen und ein

Liturgischer Gruß

z. B.   Jesus Christus, unser Heiland, ist allezeit mit uns – heute und in Ewigkeit.

Es folgt mit etwa folgenden oder ähnlichen Worten eine Einladung zum

Schuldbekenntnis

Brüder und Schwestern, damit wir in dieser Feier dem Herrn in rechter Weise begegnen können, wollen wir vor Gott und einander bekennen, dass wir gesündigt haben. – *Stille*
Ich bekenne Gott, dem Allmächtigen ...

oder   Erbarme dich, Herr, unser Gott ...

Der Spender beschließt das Gebet:
Der allmächtige Gott erbarme sich unser. Er lasse uns die Sünden nach und führe uns zum ewigen Leben.

Kyrie-Rufe   *können sich anschließen, z. B.*
Herr Jesus Christus,
du Mensch gewordene Liebe des Vaters. Kyrie eleison.
Du Heiland der Kranken und Leidenden. Christe eleison.
Du Sohn der Jungfrau Maria. Kyrie eleison.

Ein **Gebet** *schließt diesen Eröffnungsteil ab; es kann passend zur Kirchenjahreszeit dem SCHOTT entnommen werden oder z. B.*

Ewiger Gott. Dein Sohn hat unser Leben geteilt, hat Freude erfahren und Leid ertragen – wie wir. Gib, dass wir in guten und in bösen Tagen mit ihm verbunden bleiben. Darum bitten wir durch ihn, Jesus Christus.

(MB 308)

Je nach den Verhältnissen kann nun einer der Anwesenden oder der Spender selbst Lesung/Evangelium vom Tag vortragen (SCHOTT) oder ein kurzes

Schriftwort Wort des Apostels Paulus:
Sooft ihr von diesem Brot esst und aus dem Kelch trinkt, verkündet ihr den Tod des Herrn, bis er kommt.

(1Kor 11,26)

Jesus spricht: Wer mein Fleisch isst und mein Blut trinkt, hat das ewige Leben, und ich werde ihn auferwecken am Letzten Tag. Denn mein Fleisch ist wirklich eine Speise, und mein Blut ist wirklich ein Trank.

(Joh 6,54–55)

Ich bin der Weg und die Wahrheit und das Leben; niemand kommt zum Vater außer durch mich.

(Joh 14,6)

Wenn jemand mich liebt, wird er an meinem Wort festhalten; mein Vater wird ihn lieben, und wir werden zu ihm kommen und bei ihm wohnen.

(Joh 14,23)

Auch **Fürbitten** *können gesprochen werden:*
Wir dürfen vor Christus alle unsere Anliegen und Bitten aussprechen. So lasst uns beten:
○ Für unsere Kranken, besonders für …: Herr, sei ihm/ihr und allen Kranken als Heiland nahe.
Wir bitten dich, erhöre uns.
○ Für alle, die sich der kranken und leidenden Menschen annehmen: Herr, segne ihren Dienst.
○ Für unsere Gemeinde: Herr, stärke in uns das Bewusstsein füreinander.

- Für alle, die uns am Herzen liegen und an die wir jetzt besonders denken *(Stille)*: Herr, nimm dich ihrer an.
- Für uns selbst und einander in allen unseren Sorgen und Nöten: Herr, hilf uns und begleite uns.
- Für unsere verstorbenen Angehörigen, Freunde und Bekannten: Herr, nimm sie auf bei dir.

Denn du bist ein Gott für uns, dir danken wir, heute und alle Tage bis in Ewigkeit.

Dann leitet der Spender das **Gebet des Herrn** *ein:*

Wir wollen zu Gott dem Vater beten, wie unser Herr Jesus Christus uns zu beten gelehrt hat:
Vater unser …

Danach öffnet er die Pyxis, macht u. U. eine Kniebeuge, nimmt die Hostie, zeigt sie und spricht:

Seht das Lamm Gottes, das hinwegnimmt die Sünde der Welt.

Der/die Kranke und alle Anwesenden sprechen:

Herr, ich bin nicht würdig …

Der Spender lädt zur **Kommunion** *ein:*

Selig, die zum Hochzeitsmahl des Lammes geladen sind.

oder Der Herr lädt uns ein: Kommt alle zu mir, die ihr euch plagt und schwere Lasten zu tragen habt. Ich werde euch Ruhe verschaffen.

Der Spender tritt zum Kranken hin, zeigt ihm das Sakrament und spricht:

Der Leib Christi (oder: Das Blut Christi).

Auch die Anwesenden, die kommunizieren wollen, empfangen das heilige Sakrament. Nach einer Zeit der Stille kann der Spender mit dem Kranken ein bekanntes Lied sprechen oder mit den Anwesenden gemeinsam singen.

Dann spricht der Spender das **Schlussgebet**

Herr, heiliger Vater, allmächtiger, ewiger Gott, wir bitten dich in gläubigem Vertrauen für unseren Bruder (unsere Schwester) N.: Der heilige Leib (das kostbare Blut) deines Sohnes sei ihm (ihr) eine heilbringende Arznei für Leib und Seele. Darum bitten wir durch Christus, unseren Herrn.

oder

Barmherziger und guter Gott, dein Sohn Jesus Christus ist für uns Mensch geworden und uns als Heiland nahe gekommen. Sein heiliger Leib (sein kostbares Blut) schenke unserem Bruder / unserer Schwester Heil an Leib und Seele. Darum bitten wir dich durch ihn, Christus, unseren Bruder und unseren Herrn.

Mit dem **Segen** *bzw. der* **Segensbitte** *endet die Kommunionfeier.*

Der Herr segne uns und behüte uns.

Er lasse sein Angesicht über uns leuchten und sei uns gnädig.

Er wende uns sein Antlitz zu und schenke uns seinen Frieden.

Das gewähre uns der allmächtige Gott, der Vater ...

GEBETE ZUR VORBEREITUNG FÜR DEN KOMMUNIONHELFER

Hilf mir, Herr,
allen gegenüber jemand zu sein,
der wartet, ohne die Geduld zu verlieren,
der zuhört, ohne zu ermüden,
der mit Güte empfängt,
der mit Liebe gibt,
der, von dem man mit Gewissheit weiß,
dass man ihn findet,
wenn man ihn braucht.
Hilf mir,
jene untrügliche Gegenwart zu sein,
zu der man gehen kann,
wenn man es wünscht …
einen fröhlichen Frieden auszustrahlen,
deinen Frieden in meiner Seele, Herr,
ganz gesammelt zu sein in dir,
ganz verfügbar für die Anderen.
Darum, so bitte ich dich,
möge mich der Gedanke an dich begleiten,
damit ich immer in deiner Wahrheit bleibe.
Auf dass ich so,
ohne außergewöhnliche Tat,
in aller Bescheidenheit den Anderen helfen kann,
dich in ihrer Nähe zu fühlen.

Verfasser unbekannt

KYRIE-RUFE/CHRISTUSRUFE

Kyrie-Rufe   GL 130 *mit Einschüben:*
Jesus, sprich nur ein Wort –
und meine Seele wird gesund.
Jesus, halte mich bei dir –
und ich finde Halt für meinen Weg.
Jesus, finde mich –
und ich bin nicht mehr verloren.

Franz Feineis

Kyrie-Litanei   (*mit einem Ruf, z. B.* GL 167, Refrain: Mein Herr und Gott, erbarme dich.)
o Herr Jesus Christus, mit dem blinden Bettler rufen wir zu dir: Sohn Davids, du kannst unsere Augen erleuchten.
o Mit dem Hauptmann von Kafarnaum kommen wir voll Hoffnung zu dir: Du machst unsere Seele gesund.
o Mit dem Vater des besessenen Jungen hoffen wir auf deine Hilfe: Du nimmst von uns, was uns quält.
o Mit der gekrümmten Frau stellen wir uns uns vor dich: Du richtest uns wieder auf.
o Mit dem Taubstummen wollen wir von dir berührt werden: Du öffnest uns Mund und Ohren für deine Botschaft.
o Mit dem Mann, der unter die Räuber fiel, hoffen wir auf dich: Du handelst an uns barmherzig.
o Mit Lazarus, deinem Freund, glauben wir: Du machst lebendig, was in uns tot ist.

Franz Feineis

Christusrufe
Jesus Christus – Quelle des Lebens.
Jesus Christus – Heiland der Kranken.
Jesus Christus – Erfüllung unserer Sehnsucht.
Jesus Christus – sei du jetzt bei mir und in mir,
damit ich von deiner Gegenwart erfüllt werde.

Andreas Matthäi

Kyrie-Lied

All mein Mühn und Plagen,
meine ganze Last bringe ich vor dich:
Du hilfst sie mir tragen –
Herr, erbarme dich.

Meine Schuld und Sünde,
das, was ich verfehlt, bringe ich vor dich:
Du willst mir vergeben –
Herr, erbarme dich.

Meine vielen Zweifel,
den verlornen Mut bringe ich vor dich:
Du schenkst neuen Glauben –
Herr, erbarme dich.

Meine vielen Fluchten,
meine innre Hast bringe ich vor dich:
Du willst Ruhe schenken –
Herr, erbarme dich.

Meine ganze Trübsal,
meine bittre Not bringe ich vor dich:
Du kannst Trost mir geben –
Herr, erbarme dich.

Meine schwere Krankheit,
meine Lebensangst bringe ich vor dich:
Du kannst Heilung schenken –
Herr, erbarme dich.

Was mir nicht gelungen,
was nur Stückwerk blieb, bringe ich vor dich:
Du wirst es vollenden –
Herr, erbarme dich.

T: Jo Werner © beim Autor
M: zu singen nach GL 437 (Meine engen Grenzen)

ALLGEMEINE GEBETE NACH DER KOMMUNION

In deinem Brot

In deinem Brot
ist Nahrung für die Hungernden
und Zuspruch für die Kranken,
ist Zuversicht für die Hoffnungslosen
und Trost für die Trauernden.

In deinem Brot
ist Stärkung für die Schwachen
und Liebe für die Einsamen,
ist Wärme für die Verlassenen
und Zukunft für die Resignierten.

In deinem Brot
ist Heilung für die Gebrochenen
und Güte für die Gefallenen,
ist Erbarmen für die Erbarmungslosen
und Hoffnung für alle ohne Zuversicht.

In deinem Brot
ist Leben.

Hanns Sauter

Herr, heile mich! (Danklitanei)

V Herr Jesus Christus, wie ein Bettler rufe ich:
A Herr, heile mich!
V Durch dein Leiden und Sterben:
A Herr, heile mich!
   Durch deine Gegenwart im Allerheiligsten Sakrament:
   Durch deine Auferstehung:
   Du zum Vater Erhöhter:
   Du, allzeit gegenwärtig in deiner Kirche:
   Durch den Dienst deiner Kirche:
   Durch die heiligen Sakramente:

Weil du mich liebst:
Weil du mein Leben willst:
Damit ich dein Zeuge sein kann:
Damit mein Leben den Lobpreis deiner Liebe singt:
Damit die Menschen deine Güte erkennen:
Damit dein Name groß sei unter den Menschen:

Johannes Putzinger

O Heiland Jesu Christ

1. O Heiland, Jesu Christ,
um unsre Last zu tragen,
all unsre Müh und Plagen,
du Mensch geworden bist:
o Heiland, Jesu Christ.

2. Du großer Schmerzensmann,
du trugst all deine Wunden,
dass wir an dir gesunden.
Gott nahm dein Opfer an:
du großer Schmerzensmann.

3. Du Mensch gewordner Gott,
stärk uns an Leib und Seele,
lass zu, dass nichts uns quäle;
reich uns des Lebens Brot:
du Mensch gewordner Gott.

T: Guido Fuchs © beim Autor
Zu singen nach „O heilger Leib des Herrn" (GL-Diözesananhänge)

KOMMUNIONDANK IM KIRCHENJAHR

ADVENT

Gott ist mit uns

Herr, ganz nahe bist du nun bei mir.
Es ist kein Zauber, der meine Krankheit wegnimmt.
Aber es ist viel mehr:
Es ist die Erfahrung, dass du alle Wege mitgehst
und mich in dieser schweren Zeit nicht im Stich lässt.
Bei dir darf ich mich geborgen fühlen,
von dir darf ich mich getragen wissen.
Danke, dass du mir neue Kraft schenkst
und das nächste Stück Weg zeigst.

Christoph Seidl

Du Licht auf meinem Weg

Gott, der du das Licht erschaffen
und mit ihm das Dunkel durchbrochen hast.
Du bist mir nahegekommen in dieser Stunde,
die Begegnung mit dir ist wie ein Lichtblick
in dieser Zeit der Krankheit.
Leuchte mir, so bitte ich,
mit deiner Liebe,
mit deiner Nähe,
mit deiner Kraft.
Schenk mir Halt und zeige mir den Weg.
Wenn dein Licht leuchtet,
dann kann ich weiter gehen.

Christoph Seidl

WEIHNACHTEN

Gott, du Freund des Lebens

Mensch gewordener Gott,
du kennst meine Fragen und meine Sorgen,
du weißt um meine Grenzen und Fehler.
Warum das Leben so ist und nicht anders,
erklärst du mir auch nicht.
Aber du liebst mich, wie ich bin.
Du bist Mensch geworden – für mich!
Nichts Menschliches ist dir fremd.
Dir vertraue ich mein Leben an.
Und du teilst es mit mir.
Denn du bist der Freund des Lebens.

Christoph Seidl

DARSTELLUNG DES HERRN

Meine Augen haben das Heil gesehen (Lk 2,30)

„Meine Augen haben das Heil gesehen",
so sagt der alte Simeon, als er dir,
Herr Jesus, begegnet ist.
Frieden erfüllt ihn von innen her.
Licht empfängt er für seinen Weg, den er zu gehen hat.
Sein Herz ist voller Dank an Gott.

Herr Jesus,
auch ich darf dir in dieser Feier begegnen,
mein Herz ist unruhig in diesen Tagen der Krankheit,
voller Sehnsucht nach Glück,
oft ratlos, wie es werden kann.

Meine Augen haben das Heil gesehen.
Du beschenkst mich reich!
Bei wem du einkehrst, der darf sich gestärkt fühlen:
mit Frieden im Herzen, mit Licht für den Weg,
mit Dank für alle Schätze im Leben.
Danke, Herr Jesus, danke.

Christoph Seidl

GRÜNDONNERSTAG

Tut dies zu meinem Gedächtnis

Herr,
in dem Moment,
da dir alles aus den Händen
zu gleiten scheint,
hast du ausgeteilt
mit vollen Händen:
hast gegeben
dich gegeben
alles gegeben.
Unbegreiflich für uns!

Ich kann deine unerschöpfliche Quelle
nur ahnen, spüren, tasten.
Es ist die Quelle,
aus der auch ich schöpfen darf,
heute noch, Tag für Tag.
Ich darf daraus leben
auch in dieser Zeit,
da mir alles genommen scheint.
Ich möchte bleiben,
bei dir bleiben,
bei dir verweilen,
bei dir,
der unerschöpflichen Quelle.

Christoph Seidl

OSTERN

Nicht das letzte Wort ...

Auferstandener Herr Jesus Christus,
in diesen österlichen Tagen
dürfen wir mit dir das Leben feiern.
Der Tod
hat nicht das letzte Wort behalten.
Du hast den Tod besiegt,
das Unglaubliche ist geschehen.

Weil es so unglaublich ist,
hast du mit deinen Jüngern Mahl gehalten.
Du, Herr, hast auch mit mir jetzt Mahl gehalten:
Brot des Lebens,
Brot gegen den Tod!

Du, Herr, schenkst mir Kraft zum Leben.
Danke, Herr.

Christoph Seidl

Brannte uns nicht das Herz ...

Herr,
Du mitten unter uns -
Du in uns.
Du hast mit uns Mahl gehalten.
Am Brotbrechen
und in der Gemeinschaft mit dir
und miteinander
haben wir dich wiedererkannt.

Brannte uns nicht das Herz,
als wir dich in dieser Feier reden hörten
und Gäste sein durften an deinem Tisch?

Jeder und jede von uns trägt etwas anderes mit
auf dem eigenen Lebensweg.
Manchmal ist es zum Davonlaufen.

Herr,
gib du mir neue Kraft
um ja zu sagen zu meinem Leben.

Christoph Seidl

Neue Kraft zum Leben

Herr,
das österliche Mahl gibt mir neue Kraft.
Es erneuert mich von innen heraus.
Es macht mich froh,
gibt mir Mut zum Leben.

Ich spüre deinen Geist,
den Geist, der bewegt,
der nährt und stärkt,
der mich antreibt weiter zu gehen,
der Hoffnung und Zuversicht schenkt.

Herr,
ich möchte mutig und getröstet angehen,
was mich auf meinem Weg erwartet.

Christoph Seidl

MAI / MARIA

Wenn ich das Leben nicht verstehe

Gott der Geschichte,
unser Leben ist sehr vielseitig.
Mit den Sonnenseiten kann ich gut leben,
die Schatten sind es, die mir den Weg schwer machen.

Nicht weiter zu wissen
und dich nicht mehr zu verstehen,
das schmerzt.

Danke, dass du mich in dieser Feier
mit deiner Nähe getröstet hast.
Danke für die Menschen, die du mir an die Seite stellst.
Danke für unsere Schwester Maria,
die ihr Leben auch manchmal nicht verstanden haben mag.

Lass mich erfahren, dass du auch die Frager und Nichtversteher
ihre Wege führst.

Christoph Seidl

ALLERHEILIGEN

Du heiligst mich

Herr,
du hast mich mit einer Gabe beschenkt,
die nährt und stärkt -
die heilt und heiligt.
Sie trifft mich in meiner Sehnsucht nach Leben,
nach Erfüllung,
nach Sinn.
So gibst du mir schon in diesem Leben
einen Vorgeschmack an dem Heil,
das du für uns alle bereithältst.
Heil heißt ganz.
Ganz heil darf ich dann sein bei dir.
Und schon jetzt darf ich ganz bei dir sein,
mitten in meinen Brüchen
mitten in meiner Gebrochenheit
mitten im Unvollkommenen
mitten im Unfertigen.
So heiligst Du mich jetzt schon …
uns alle …
Alle – geheiligt.
Allerheiligen.

Christoph Seidl

KOMMUNIONGEBETE
ZU BIBLISCHEN THEMEN

Angst um meine Zukunft

Der Herr erschien Abraham bei den Eichen von Mamre. Abraham saß zur Zeit der Mittagshitze am Zelteingang. Er blickte auf und sah vor sich drei Männer stehen. Als er sie sah, lief er ihnen vom Zelteingang aus entgegen, warf sich zur Erde nieder und sagte: Mein Herr, wenn ich dein Wohlwollen gefunden habe, geh doch an deinem Knecht nicht vorbei! (Gen 18,1–3)

Gott,
danke, dass du mir diesen Augenblick deiner Gegenwart geschenkt hast.
Gerade jetzt brauche ich die Gewissheit so notwendig,
dass ich all das nicht alleine zu tragen brauche.

In den Augenblicken, in denen mir das Lachen vergeht,
in denen ich keine Zukunft sehe noch ahne:
An diesen Tagen schenke mir das Zutrauen,
dass in der größten Glut
dein Besuch meinem Leben eine andere Wendung geben kann,
dass es keinen Moment gibt,
an dem du nicht über Zukunft und Leben für mich nachdenkst.

Gib mir die Kühnheit, deinem Wirken zu vertrauen,
und die Phantasie, im fremden Weg, im fremden Menschen,
in der fremden Idee dich zu erkennen.

Christoph Seidl

Steh auf und iss!

Der Engel des Herrn kam zum zweiten Mal, rührte Elija an und sprach: Steh auf und iss! Sonst ist der Weg zu weit für dich. (1Kön 19,7)

Herr Jesus Christus,
der Weg, den ich zu gehen habe,
ich beschwerlich und weit.
Meine Krankheit raubt mir die Kräfte,
manchmal fehlt mir der Mut,
auch nur einen einzigen Schritt weiter zu gehen.
Wie Elija sitze ich unter einem Ginsterstrauch
und möchte verzagen.
Doch du,
mein treuer Wegbegleiter,
Du rührst mich an,
Du richtest mich auf,
Du gehst mir unter die Haut.
„Steh auf und iss!"
Dieses Wort gilt auch mir,
und ich lasse mich ergreifen
von deinem guten Wort.
Ich will dir danken
für das Geschenk neuer Kraft,
für eine Nahrung,
die Leib und Seele stärkt.
Ich will dir danken,
dass du mich nicht allein lässt auf meinem Weg,
dass du mich beständig im Blick hast
und an den schweren Tagen meines Lebens
deine Nähe spüren lässt.

Christoph Seidl

Fürchte dich nicht!

Fürchte dich nicht, denn ich habe dich ausgelöst, ich habe dich beim Namen gerufen, du gehörst mir. Wenn du durchs Wasser schreitest, bin ich bei dir, wenn durch Ströme, dann reißen sie dich nicht fort. Wenn du durchs Feuer gehst, wirst du nicht versengt, keine Flamme wird dich verbrennen. Denn ich, der Herr, bin dein Gott, ich, der Heilige Israels, bin dein Retter. (Jes 43,1–3)

Herr Jesus Christus,
in dieser Zeit meiner Krankheit
wirft es mich hin und her.
Manchmal meine ich,
das Wasser steht mir bis zum Hals.
Manchmal habe ich den Eindruck,
der Boden schwindet mir unter den Füßen.
Manchmal wird mir gleichzeitig heiß und kalt.
Ob sich meine Sehnsucht nach Leben erfüllt?
Diese Unsicherheit brennt in mir wie Feuer.
Du, mein treuer Bruder und Herr,
bist bei mir eingekehrt.
Von dir heißt es, du seist gekommen,
die Welt zu erlösen.
In diesem Moment ist mir,
als seist du ganz allein
zu mir gekommen,
mich zu retten, mich zu befreien
aus dem Kreisen meiner Gedanken,
aus dem Grübeln, wie es weitergeht,
aus der quälenden Sorge um mein Leben.
Herr, wenn du da bist,
fürchte ich mich nicht.
Wenn du bei mir bist,
können mir reißende Ströme
und sengendes Feuer nichts anhaben.
Wenn ich dich in mir spüre,
fühle ich mich umgeben und getragen
von deiner Liebe.
Dafür danke ich dir.

Christoph Seidl

Du deckst mir den Tisch

Du deckst mir den Tisch (...) Du salbst mein Haupt mit Öl, du füllst mir reichlich den Becher. Lauter Güte und Huld werden mir folgen mein Leben lang und im Haus des Herrn darf ich wohnen für lange Zeit. (Ps 23,5 f)

Herr Jesus Christus,
du kennst die Deinen
und gibst dein Leben für sie (Joh 10,14 f).
Du bist der gute Hirt,
Du hast mir reichlich den Tisch gedeckt.
Du hast mir Anteil geschenkt
an deinem Leben,
an deiner Liebe.
Du hast mich gestärkt
auf meinem Lebens-
und Glaubensweg
mitten in meiner Krankheit.
Ich danke dir,
dass du mich in dieser finsteren Schlucht
nicht allein lässt,
dass mir dein Stock
und dein Stab
Zuversicht schenken.

Christoph Seidl

Sehnsucht nach Sinn

In der Schrift heißt es: *Der Mensch lebt nicht nur von Brot, sondern von jedem Wort, das aus Gottes Mund kommt. (Mt 4,4)*

Brot zum Leben schenkst du uns, Herr.

Aber der Mensch lebt doch nicht nur von Brot.
Du weißt, ich brauche so vieles:
Ich sehne mich nach Glück und Erfüllung,
nach Gesundheit und Wohlergehen.
Ich wünsche mir gute Beziehungen und Liebe.
Ich suche nach dem Sinn im Leben,
nach Zukunft und neuen Perspektiven.

All dieses Sehnen hast du mir ins Herz gelegt, Herr.
Lass mich vertrauen, dass ich bei dir finde,
was ich zum Leben brauche:
Dein gutes Wort!

Ich möchte nicht resignieren angesichts meiner begrenzten Kräfte.
Ich möchte dir trauen, dass du selbst mein tägliches Brot bist;
dass du mir schenkst, was meine Lebensnot wendet,
was so lebensnotwendig ist
wie Brot.

Christoph Seidl

Licht der Welt

*Ihr seid das Licht der Welt. Eine Stadt, die auf einem Berg liegt,
kann nicht verborgen bleiben. (Mt 5,14)*

Herr,
in diesem heiligen Mahl
spüre ich, wie mich durch deine Nähe
eine Kraft durchzieht.

Wenn ich deine Nähe spüre,
dann ist in diesem Moment alles gut,
auch wenn ich weiß,
was mich derzeit in meinem Leben
erwartet und fordert.

Mit deiner Kraft in mir
kann ich es wagen,
weiter zu gehen
auch wenn ich manchmal
kraftlos und mutlos resignieren möchte.
Du, Herr,
lässt mich heute neu spüren,
dass du in mir und durch mich wirken möchtest.
Ich bin krank, aber nicht wertlos.
Für irgendjemanden
darf auch ich Licht sein,
Licht für die Welt.

Christoph Seidl

Sorgt euch nicht

Sorgt euch also nicht um morgen; denn der morgige Tag wird für sich selbst sorgen. Jeder Tag hat genug eigene Plage. (Mt 6,34)

Jesus, mit all unserer Sorge
können wir unser Leben
auch nicht um eine kleine Zeitspanne
verlängern.

Deine Sorge um mich
ist mir Lebenskraft genug.

Du hast mich erfüllt und beschenkt
mit deiner Sorge
mit deiner Liebe
mit dem Brot des Lebens.

Deine Sorge
verlängert mein Leben
unendlich
schenkt mir Leben in Fülle
schenkt mir ewiges Leben.

Lass mich nicht in meinen Sorgen aufgehen.
Führe mich heute und jeden Tag neu zu dem,
der sich immer um mich sorgt.

Christoph Seidl

Du hilfst mir tragen

Kommt alle zu mir, die ihr euch plagt und schwere Lasten zu tragen habt. Ich werde euch Ruhe verschaffen. (Mt 11,28)

Herr Jesus Christus,
mein Bruder und mein Freund.
Meine Last ist groß geworden.
Ich bin krank.
Was ich bisher getan habe, kann ich jetzt nicht tun.
Wohin ich gegangen bin, dorthin kann ich jetzt nicht gehen.
Ich bin ans Bett gefesselt,
gefangen in meinem Zimmer.

Manchmal erdrückt mich diese Last.
Aber jetzt bist Du zu mir gekommen,
unglaublich nahe,
unendlich liebevoll.
Du nimmst meine Last nicht weg,
aber du hilfst sie mir tragen.
Du stärkst mich,
du nährst mich.
Und das macht mich ruhig,
denn ich weiß,
dass ich meinen Weg
nicht alleine gehen muss.
Herr,
zu danken fällt mir derzeit nicht leicht.
Aber ich möchte dir sagen:
Es tut gut,
dass du bei mir eingekehrt bist.
Es tut gut,
dich an meiner Seite zu wissen.
Es tut gut,
dich in meinem Herzen zu haben.

Christoph Seidl

Mit dir, Gott, wird es gut

Nehmt mein Joch auf euch und lernt von mir; denn ich bin gütig und von Herzen demütig; so werdet ihr Ruhe finden für eure Seele. Denn mein Joch drückt nicht und meine Last ist leicht. (Mt 11,29 f)

Herr,
du hast mich eingeladen, bei dir zu sein.
In deiner Nähe komme ich zur Ruhe,
in deiner Nähe finde ich mich selbst.

Wenn das Leben mir übel mitspielt,
verliere ich schon mal die Richtung aus dem Blick.
Ich fragen nach dem Warum,
nach guten Entscheidungen,
nach den besten Lösungen,
nach dem richtigen Weg.

Einfach ist das Leben nicht, Herr.
Doch wenn ich weiß, dass du dabei bist,
dann brauche ich mich nicht zu fürchten
vor dem Fremden und Unbekannten,
vor dem, was mich ängstigt
und mir die Zuversicht raubt.

Wenn du mit mir gehst,
dann wird es gut.

Christoph Seidl

Schenke mir Geduld

*Da sagten die Knechte zu Jesus: Sollen wir gehen und das Unkraut
ausreißen? Er entgegnete: Nein, sonst reißt ihr zusammen mit dem
Unkraut auch den Weizen aus. Lasst beides wachsen bis zur Ernte.
(Mt 13,28–30)*

Herr, du bist bei mir!
Unbegreiflich
Unfasslich
Unglaublich nahe.

Obwohl du mich kennst?
Weil du mich kennst?
Keine Belohnung.
Wofür auch?

Nein, um der Nähe willen,
einfach, dass du bei mir bist,
in meinem Weizenfeld
und in meinem Unkraut.

Danke für deine Geduld.
Lehre mich deine Geduld,
mit mir,
mit meiner Situation
und mit den anderen.
Schenke ihnen auch Geduld
mit mir.

Christoph Seidl

Stärke meinen Glauben

Darauf antwortete Jesus der kananäischen Frau: Frau, dein Glaube ist groß. Was du willst, soll geschehen. (Mt 15,28)

Herr,
zu der kananäischen Frau hast du gesagt:
Frau, dein Glaube ist groß.

Wie sehr wünschte ich mir manchmal,
auch so einen großen Glauben zu haben:
zu vertrauen,
grenzenlos und mutig,
mit der sicheren Zuversicht:
mit deiner Hilfe
wird es gut werden.

Herr, in dieser Feier
begegnest du mir,
wie es näher nicht sein kann.
Ich danke dir dafür.
Danke, dass du zu mir kommst,
wenn mein Glaube auch manchmal schwach ist.

Stärke mich durch diese Begegnung mit dir,
stärke mich für meine Wege,
stärke mich in meiner Krankheit,
stärke meinen Glauben,
damit auch ich heil werde.

Christoph Seidl

Gott füllt unsere Lampen

Die klugen Jungfrauen nahmen außer den Lampen noch Öl in Krügen mit. Als nun der Bräutigam lange nicht kam, wurden sie alle müde und schliefen ein. Mitten in der Nacht aber hörte man plötzlich laute Rufe: Der Bräutigam kommt! Geht ihm entgegen! Da standen die Jungfrauen alle auf und machten ihre Lampen zurecht. (Mt 25,4–7)

Herr
ich darf Gast sein an deinem Tisch.
Eine große Einladung,
ein großes Fest.
Ein Bild für das große Fest,
das kein Ende hat,
das du denen bereitest, die dich lieben.

Schwer zu begreifen für mich,
gerade jetzt in meiner Krankheit.
Manchmal ist das alles zu weit weg von meinem Leben.
Manchmal ist es schwer für mich, wach zu bleiben,
und die Vision vom großen Fest
nicht aus den Augen zu verlieren.

In dieser Feier hast du meine Lampe neu gefüllt:
mit Öl, mit Energie, mit Leben.
Danke – du Gott des Lebens.

Christoph Seidl

Wenn ich dich nur habe

Darum kann keiner von euch mein Jünger sein, wenn er nicht auf seinen ganzen Besitz verzichtet. (Lk 14,33)

Auf alles verzichten?
Wer schafft das schon.
Ob ich es schaffen würde?

Aber jetzt ist mir wieder eine Kraft geschenkt worden,
gegenüber der alles andere verblasst,
gegenüber der alle Schätze der Welt
gering und hilflos erscheinen.

Herr, du selbst bist meine Kraft,
meine Hoffnung, meine Zuversicht.

Wenn ich dich nur habe,
dann komme ich zur Ruhe.
Dann brauche ich immer noch vieles andere zum Leben,
aber all das ist nicht mehr lebensnotwendig.

Ich spüre, nur einer wendet meine Lebensnot:
und das bist du, mein Herr.

Christoph Seidl

Heil ist in diesem Haus eingekehrt

Da sagte Jesus zu Zachäus: Heute ist diesem Haus das Heil geschenkt worden, weil auch dieser Mann ein Sohn Abrahams ist. Denn der Menschensohn ist gekommen, um zu suchen und zu retten, was verloren ist. (Lk 19,9 f)

Herr,
du bist bei mir eingekehrt.

Wenn du zu mir kommst,
dann nimmst du mich so,
wie ich bin.
Und doch ist mir auf einmal
ganz anders zumute.

Vieles, was sonst so wichtig erscheint,
verliert an Bedeutung.
Was mich sonst so gefangen nimmt,
verliert an Bedrohlichkeit.

Wenn du bei mir bist
und wenn so mancher Druck von mir weicht,
dann habe ich eine Vorstellung davon,
was es heißen könnte:
Heil ist in meinem Haus eingekehrt.

Christoph Seidl

In meinem Haus zu Gast

Als Jesus an die Stelle kam, schaute er hinauf und sagte zu ihm:
Zachäus, komm schnell herunter! Denn ich muss heute in deinem
Haus zu Gast sein. (Lk 19,5)

Herr Jesus Christus,
meine Krankheit hat mich klein gemacht.
Meine Kräfte sind nicht mehr das, was sie waren.
Der Kreis der Freunde ist klein geworden.
Manchmal fühle ich mich so klein wie Zachäus,
klein und von den anderen gemieden.
Manchmal möchte ich mich verkriechen.
Und dann möchte ich wieder auf einen Baum steigen
um zu sehen, was es noch gibt im Leben,
um zu sehen, wie es weitergeht,
um einen Lichtblick zu sehen
am Horizont.
Du, mein Bruder und Herr Jesus,
bist jetzt bei mir eingekehrt.
Du willst heute in meinem Haus zu Gast sein.
Ausgerechnet bei mir,
wo es doch soviel Not gibt auf der Welt,
wo doch so viele Menschen Sehnsucht nach Leben haben.
Du bist zu mir gekommen,
nicht um Ratschläge zu geben,
nicht um mein Leiden zu erklären,
nicht um es mir wegzunehmen,
sondern um einfach bei mir zu sein.
Unbeschreiblich nah bei mir,
in meinem Haus,
in meinem Herzen.
Dich bei mir zu haben,
macht mich froh.
Deine Nähe zu spüren,
richtet mich auf,
lässt mich den gesenkten Kopf heben,
gibt mir einen neuen Blick auf mein Leben.
Dir, guter Jesus, möchte ich danken.
Mit dir kann ich Ja zu meinem Leben sagen.

Mit dir entdecke ich neue Kräfte in mir.
Mit dir gelingt es mir vielleicht sogar,
meinem Schicksal ein anderes Gesicht zu geben.
Dafür danke ich dir!

Christoph Seidl

Du bist die Liebe

Wir wollen einander lieben; denn die Liebe ist aus Gott und jeder, der liebt, stammt von Gott und erkennt Gott. Wer nicht liebt, hat Gott nicht erkannt; denn Gott ist die Liebe. (1 Joh 4,7f)

Gott,
du bist da
in unserer Mitte
in unserem Herzen

Du
meinst es gut mit uns
sorgst dich um uns
schaust in Liebe auf uns

Nicht
Vorschriften, Gesetze, Gebote
bringen uns dir näher

Allein
das Vertrauen
die Sehnsucht
die Liebe
verbinden uns mit dir
Denn
du bist die Liebe.

Christoph Seidl

KRANKENKOMMUNION DER GEMEINDE ERFAHRBAR MACHEN

In manchen Gemeinden wird den Kranken die Kommunion im Anschluss an die Sonntagsmesse von Kommunionhelfern gebracht, die mit ihnen zuhause einen Wortgottesdienst feiern und so auch einen lebendigen Kontakt zur Gemeinde herstellen.

Dieser besondere Dienst der Kommunionhelfer kann der Gemeinde auf vor Augen gestellt werden – im wahrsten Sinn des Wortes durch die Aussendung von Kommunionhelfern am Ende der sonntäglichen Messfeier.

Es wäre zudem ein wichtiges Zeichen der Sorge einer ganzen Gemeinde für ihre Kranken, wenn die Männer und Frauen, die diesen Dienst verrichten, am Ende der Kommunion bzw. danach mit einem Wort des Priesters „ausgesandt" würden und einen Gruß an die Kranken mitbekämen.

Gelegentlich geschieht das an besonderen Tagen, etwa an Fronleichnam, doch stellt es dann eher eine Besonderheit des Festtages dar. Wichtig aber wäre, dass die Gemeinde regelmäßig erlebt, wie ihren Kranken die Kommunion aus der Sonntagsmesse heraus gebracht wird; dann wird sie diese auch eher im Blick behalten. Das eigentlich gar nicht vorgesehene Schlusslied könnte diesen Sendungsaspekt zum Ausdruck bringen und der versammelten Gemeinde bewusst machen, „dass Hand und Mund zu jeder Stund dein Freundlichkeit verkünden" (GL 216,3 [Im Frieden dein]).

Guido Fuchs

5. KAPITEL

UND DENNOCH TRAUE ICH DIR

GOTTESDIENST FEIERN MIT KRANKEN MENSCHEN

„Da erzählten auch sie, was sie unterwegs erlebt und wie sie ihn erkannt hatten, als er das Brot brach." (Lk 24,35)

In Zeiten der Krankheit leiden Menschen mehrfach unter Einschränkungen. Zum einen ist da die Veränderung des Körpers, der geschwächt ist oder nicht mehr verlässlich, der nicht die üblichen Funktionen erbringt oder gar Schmerzen bereitet. Jede körperliche Krankheit beeinträchtigt den ganzen Menschen. Auch Zukunftssorgen und ganz praktische Fragen gesellen sich dazu, wie der Alltag geregelt werden soll, wenn die eigenen Kräfte geschwächt sind. Zum anderen bringt Krankheit auch einen sozialen Rückzug mit sich. Wer krank ist, nimmt nicht wie üblich am gesellschaftlichen Leben teil. Dauert die Krankheit länger, kann der Rückzug immer schmerzhafter erlebt werden. Selbst gläubige Menschen fühlen sich manchmal von „Gott und der Welt verlassen". Umso wichtiger kann es sein, dass Kranken die Mitfeier des Gottesdienstes ermöglicht wird. Wenn ein Besuch in der Kirche oder Kapelle eines Krankenhauses oder einer Pflegeeinrichtung nicht denkbar ist, ist die Mitfeier über das Fernsehen oder auch eine ganz persönliche kurze Feier im Zimmer von großer Bedeutung.

Die Emmausjünger (vgl. Lk 24) sind nach dem Erlebnis des Karfreitags auch Menschen, die sich von Gott und der Welt verlassen fühlen. In der Gemeinschaft mit dem Auferstandenen, den sie zunächst nicht erkennen, entdecken sie jedoch wieder neue Perspektiven. Das Erzählen und Hören verändert ihren Blick aufs Leben. Für Erzählen und Hören soll in diesen kleinen Gottesdiensten daher auch Raum sein.

Im Folgenden finden sich Gottesdienstvorschläge zu den geprägten Zeiten des Kirchenjahres und zu einzelnen biblischen Themen. Die Elemente eignen sich sowohl für die Vollform einer Eucharistiefeier oder eines Wortgottesdienstes in der Kirche / Kapelle als auch für eine kurze persönliche Feier in der Wohnung oder auf dem Zimmer des Kranken.

Eine Kurzform könnte wie folgt aussehen:
- ○ Begrüßung / evtl. Reichen des Weihwassers
- ○ Einführung
- ○ Kyrie-Rufe
- ○ Gebet
- ○ Biblische Lesung
- ○ Persönliche Gedanken dazu
- ○ Fürbitten
- ○ Vaterunser
- ○ Segen

Wenn im Rahmen dieser Feier die heilige Kommunion gereicht wird, so finden sich entsprechende Ergänzungstexte im Kapitel 4.

Auch wenn in den folgenden Gottesdiensten zwei biblische Texte vorgeschlagen werden, empfiehlt sich bei der Kurzform, sich auf einen Text zu beschränken, der aus einer Bibel vorgelesen wird.

MIT EINER VERHEISSUNG UNTERWEGS

ADVENT

Liedvorschläge GL 221 (Kündet allen in der Not)
GL 231 (O Heiland, reiß die Himmel auf)
GL 218 (Macht hoch die Tür)

Einführung In diesen Tagen des Advents bereiten wir uns auf das Fest der Geburt Christi vor. Viele Bräuche und Traditionen verbinden wir mit dieser Zeit. Wenn man krank ist, ist vieles davon vielleicht gar nicht so wichtig. Von Bedeutung könnte ein wichtiges Motiv dieser Zeit sein: die Verheißung, dass Gott aus dem abgeschlagenen, verdorrten Baumstumpf Isais neues Leben hervorkommen lassen wird. Diese Verheißung hat über die Jahrhunderte unzähligen Generationen von Menschen Trost und Hoffnung gegeben. In Jesus Christus sehen wir diese Verheißung erfüllt. Wer krank ist, sehnt sich ganz besonders danach, etwas von dieser Lebenskraft Gottes spüren zu dürfen. In dieser Feier möchte Gott Ihnen ganz nahe kommen und Sie mit seiner Kraft stärken.

Kyrie-Rufe Herr Jesus Christus, mit dir unter ihrem Herzen ging Maria mutig ihren Weg.
In dir hat Gott ein menschliches Gesicht bekommen.
Du lehrtest die Menschen, das Kommen des Reiches Gottes zu erwarten.

Gebet Gott, unser Vater, in diesen Tagen gehen wir dem Fest der Geburt deines Sohnes entgegen. Wir bedenken die uralte Verheißung, dass du Leben für uns bereithältst, wo wir es nicht mehr vermuten. Stärke N./unsere Kranken mit deiner Verheißung und führe ihn/ sie von der Verzagtheit zur Hoffnung. So bitten wir durch Christus, unseren Herrn. Amen.

Lesung   Jes 60,1–3.5.8–11 (Gott, der Herr, kommt wie ein Hirte)

Evangelium   Lk 1,39–45 (Der Besuch Marias bei Elisabet)

Kurzansprache

Verheißung ist ein großes Wort. Vielleicht sagen wir lieber Hoffnung dazu. Worauf hofft man, wenn man krank ist? Auf baldige Genesung? Auf das richtige Medikament, eine geeignete Therapie? Oder vielleicht auch nur – und das ist nicht wenig – auf genügend Kraft und innere Stärke, um mit der Krankheit gut leben zu können?

Es gibt Versprechungen, die Hoffnung machen. Aber manchmal klingen sie schon beim Aussprechen unglaubwürdig. Bis man merkt, dass sich das Versprochene nicht eingestellt hat, ist der oder die Versprechende schon nicht mehr da.

Die Hoffnung oder die Verheißung, von der die Heilige Schrift spricht, hat etwas mit einer dauerhaften Beziehung zu tun: Gott selbst steht für sein Versprechen ein. Er verspricht nicht etwas, sondern er sagt sich selbst den Menschen zu. So in dem Sinne: Wenn du, Mensch, dich auf mich, Gott, einlässt, dann bist du nicht verlassen. Dann wirst du merken, wie dir Schritt für Schritt immer wieder Kraft zuwächst. Dazu helfen gute Menschen, die diesen Weg begleiten. Dazu hilft manches „Ich bete für dich" oder „Ich zünde eine Kerze für dich an".

Die Menschen des Volkes Israel haben in hoffnungsloser Zeit spüren dürfen, wie sich Wege vor ihnen aufgetan haben. Und Maria, so erzählt es der Evangelist Lukas, hat mit Gottes Verheißung, mit dem Herrn unter ihrem Herzen so manchen schweren Weg gemeistert.

Ich wünsche Ihnen, dass Ihnen Gottes Verheißung heute auch wieder neue Kraft gibt. In einer kurzen Stille und dann in den Fürbitten wollen wir darum beten.

Fürbitten Gott verheißt seine Ankunft mitten in unserer Not. Zu ihm rufen wir: Komm, Herr, komm und erlöse uns.

○ Wir bitten für unsere Kranken in diesem Haus/ in dieser Stadt *(evtl. Namen nennen)* – lass dich erfahren in ihren Nöten und Sorgen.

○ Wir bitten für alle, die sie auf ihrem Weg begleiten *(evtl. konkrete Personen nennen)* – schenke ihnen täglich neuen Mut und stärke sie in ihrem Dienst.

○ Wir bitten für alle Gesunden – lass sie dankbar sein für die Kräfte, die ihnen geschenkt sind.

○ Wir bitten für alle besorgten und verzagten Menschen – richte sie auf mit deiner Verheißung.

○ Wir bitten für alle Verstorbenen – erfülle ihre Sehnsucht in deiner Herrlichkeit.

Gott, bei dir ist Leben in Fülle. Auf dich vertrauen wir heute und alle Tage und in Ewigkeit. Amen.

Christoph Seidl

GOTT WILL IM DUNKEL WOHNEN

ADVENT

Liedvorschläge GL 223 (Wir sagen euch an den lieben Advent)
GL 365 (Meine Hoffnung und meine Freude)
GL 372 (Morgenstern der finstern Nacht)

Einführung Der Advent fällt in die dunkelste Zeit des Jahres. Es ist nicht nur ein schöner Brauch, sondern es tut allen Sinnen gut, wenn wir in diesen Wochen Kerzen anzünden, Licht ins Dunkel bringen.
Wer krank ist, erlebt Dunkelheit vielleicht auch anders: Es verdunkelt sich der Weg vor den Füßen, der Lebensmut will nicht so recht wach werden, Sorgen verschleiern die klare Sicht vor den Augen.
Wenn wir jetzt Gottesdienst feiern, möchte Gott selbst unsere Dunkelheit erhellen. Denn er hat seinen Sohn zu uns gesandt, der von sich sagte: Ich bin das Licht der Welt. Bereiten wir uns für diese Feier und halten wir unser Leben in sein Licht.

Kyrie-Rufe Herr Jesus Christus,
du bist das Licht der Welt.
Du hast dem Blinden die Augen geöffnet.
Du sprichst das Wort, das tröstet und befreit.

Gebet Gott, der du das Licht geschaffen und uns deinen Sohn gesandt hast als das Licht der Welt: Sieh auf unser Leben mit seinen Dunkelheiten, sieh auf Krankheit und Schmerz, auf Leid und Klage, aber sieh auch auf unsere Hoffnung und unsere Sehnsucht. Erfülle sie mit deinem Licht, mit deiner Liebe, mit deinem Leben. So bitten wir dich durch Christus, unseren Herrn. Amen.

Lesung Jes 45, 6b–8 (Die Erde tue sich auf und bringe das Heil hervor)

Antwortgesang GL 220,1.4–5 (Die Nacht ist vorgedrungen)
alternativ *Die Strophen des Liedes vortragen mit gesungenem* Kehrvers GL 38,1 (Der Herr ist mein Licht)

Evangelium Joh 1,1–9 (Das Licht, das jeden Menschen erleuchtet, kam in die Welt)

Kurzansprache

Die Lichter, die wir an diesen Tagen anzünden, können die Dunkelheit nicht vollständig vertreiben, aber sie machen sie erträglicher: Sie schenken uns Orientierung. Sie sorgen für eine warme Atmosphäre. Und sie zeigen uns die Gesichter der anderen Menschen in einem wunderbaren Glanz!

Christen verbinden diese Erfahrung von Licht mit ihrem Gott: Er ist einer, der sich unter die Menschen mischt und An-Teil an ihrem Leben nimmt: nicht, indem er es erklärt, sondern indem er es durch seine Gegenwart in ein anderes Licht stellt. „Gott will im Dunkel wohnen …" – mit diesen Worten hat es Jochen Klepper ausgedrückt. Und was Dunkel heißt, hat er am eigenen Leib erfahren.

Jochen Klepper wurde 1903 als Sohn eines evangelischen Pfarrers geboren. Seine Heirat mit der Jüdin Johanna Stein beeinträchtigte bald seine Laufbahn als Journalist und Schriftsteller. Der Versuch Kleppers, seine Frau und deren jüngere Tochter aus erster Ehe vor dem KZ zu bewahren, indem er Soldat wurde, scheiterte. Er wurde im Herbst 1941 aus der deutschen Wehrmacht entlassen, da er nicht in die von den Behörden erwartete Scheidung einwilligte. Im Dezember 1942 suchten er und seine Familie schließlich den Freitod. Der Tagebucheintrag am Abend vor dem Tod schließt mit den Sätzen: „Über uns steht in den letzten Stunden das Bild des Segnenden Christus, der um uns ringt. In dessen Anblick endet unser Leben."

„Gott will im Dunkel wohnen …" Diese Worte aus dem 1937 verfassten Adventslied „Die Nacht ist vorgedrungen" lassen mich die dunklen Lebensjahre Kleppers und seiner Familie in einem anderen Licht sehen und verstehen. Die tiefe Glaubensüberzeugung hat deren tragische Situation nicht objektiv verbessert, ja sie hat sie auch nicht vor dem letzten traurigen Schritt bewahren können. Und doch lässt der letzte Satz im Tagebuch ein inneres Licht im Leben dieser geplagten Menschen vermuten – eines, das ihnen die Sicherheit gab, auch in der größten Schmach und Unterdrückung auf dieser Welt vor Gott Ansehen zu haben und von ihm gesegnet zu sein. „Der

Morgenstern bescheinet auch deine Angst und Pein." Wer glauben kann, dass Gott sogar in diesem Dunkel wohnt, den „hält … kein Dunkel mehr", für den verliert es etwas von seiner Bedrohlichkeit und Aussichtslosigkeit.

Fürbitten

Bringen wir unsere Dunkelheiten und die Dunkelheiten der ganzen Welt vor Gott und rufen wir voll Vertrauen: Lass dein Angesicht über uns leuchten, o Herr. (GL 46,1)

o Manche Menschen sehen keine Zukunft mehr in ihrem Leben, alle Perspektiven haben sich verdunkelt. Wer sich in der Finsternis der Hoffnungslosigkeit befindet, den bescheine du, Gott mit deinem Licht.

o Manche Menschen sind enttäuscht, weil sich ihre Lebensträume nicht erfüllt haben und ihre Pläne durchkreuzt wurden. Wer sich in der Finsternis der Enttäuschung befindet, den bescheine du, Gott, mit deinem Licht.

o Manche Menschen leiden unter Krankheiten, psychischen und körperlichen Schmerzen und wissen nicht, ob sie wieder gesund werden können. Wer sich in der Finsternis der Krankheit befindet, den bescheine du, Gott, mit deinem Licht.

o Manche Menschen haben es sich zum Ziel gesetzt, für andere da zu sein. Manchmal fühlen sie sich selbst überfordert und haben die nötigen Kräfte nicht mehr. Wer sich in der Finsternis der Erschöpfung befindet, den bescheine du, Gott, mit deinem Licht.

o Wir denken auch an Menschen, die schon verstorben sind und denen wir viel zu verdanken haben. Wer in die Nacht des Todes hineingegangen ist, den hole du, Gott, heraus in dein Licht des Lebens.

Du, Herr, bist unser Licht und unser Heil. Wir loben und preisen dich in Ewigkeit. Amen.

Christoph Seidl

MIT GOTTES LIEBE UNTERWEGS

WEIHNACHTEN

Liedvorschläge GL 239,1–3 (Zu Betlehem geboren)
GL 238 (O du fröhliche)
GL 256 (Ich steh an deiner Krippe hier)
GL 247 (Lobt Gott, ihr Christen)

Einführung Den Vers „dich will ich lieben sehr in Freuden und in Schmerzen" haben Sie möglicherweise an diesen Weihnachtstagen anders gesungen als bisher. Eine Krankheit hat sich in Ihr Leben geschoben, damit vielleicht auch Schmerzen, vielleicht Ängste und Zukunftssorgen. Vielleicht ist Ihnen gar nicht so zum Feiern zumute. Und dennoch ist wieder Weihnachten geworden: Gott kommt in mein Leben, so wie es ist. Auch wenn ich ihn nicht hier und jetzt vermute, auch wenn ich ihn mir anders vorgestellt hätte: Er ist da mit seiner Liebe.
Halten wir ihm jetzt alles hin, was unheil und zerbrochen ist, lassen wir uns von neuem beschenken mit seiner Liebe.

Kyrie-Rufe Herr Jesus Christus,
du bist in unsere Welt gekommen, um unser Leben mit uns zu teilen.
Deine Liebe hat verletzte und verwundete Menschen heil gemacht.
Dein Leben und deine Botschaft lehren uns, dass Gott für uns sorgt wie ein guter Vater und eine liebende Mutter.

Gebet	Gott, unser Vater, wir feiern die Menschwerdung deines Sohnes. Du hast ihn uns gesandt, um unsere Dunkelheiten zu erhellen mit dem Licht deiner Liebe. Lass alle Kranken und Bedrückten neu die Kraft deiner Gegenwart spüren und neuen Mut schöpfen für ihr Leben. Darum bitten wir durch ihn, Christus, unseren Herrn. Amen.
Lesung	1 Joh 4,7–15 (Weil Gott uns liebt, sollen auch wir einander lieben)
Evangelium	Lk 2,1–7 (Die Geburt Jesu in einem Stall)

Kurzansprache

„Weil in der Herberge kein Platz für sie war." Dieser Satz rührt mich immer wieder an. Man würde es sich anders wünschen: offene Türen, alles vorbereitet, ein herzliches Willkommen! Und dennoch scheint sich dieses Unterwegssein wie ein roter Faden durch die gesamte Heilige Schrift zu ziehen. Wie oft wird von Menschen erzählt, die unterwegs sind, auf der Suche nach Land, nach Leben, auf der Flucht vor Gefahr, vertrieben aus der Heimat. Und gerade unterwegs machen sie die Erfahrung: Gott ist mit uns auf dem Weg, er ist mitten unter uns. Kein Wunder also, möchte man sagen, dass sich auch die Menschwerdung Gottes nicht in einer ordentlichen Herberge ereignet, sondern irgendwo unterwegs, in einer Krippe. Was sich hart und ungastlich anhört, empfinde ich als wunderbare Zusage für mein Leben: Gott ist gerade dort zu Hause, wo nicht aufgeräumt, aufgetischt, hergerichtet ist, sondern mitten in meinem Leben.

Ich möchte dieses Unterwegssein mit der Zeit von Krankheit und Sorgen in Verbindung bringen. Das sind Tage oder Wochen oder gar eine Lebensphase, in der nichts in gewohnten Bahnen abläuft. Alles scheint durcheinander. Manch einer mag sich fühlen, als sei er im eigenen Körper nicht mehr zu Hause. Nichts ist in Ordnung, auf nichts scheint Verlass zu sein. Fragen und Klagen knüpfen sich an diesen Zustand: Warum ist es so und nicht anders? Warum gerade ich? Was habe ich falsch gemacht? Wohin soll das noch führen? Weihnachten gibt Antwort darauf: nicht so, wie man sich es vorstellen könnte, nicht mit Erklärungen und Beschwichtigungen. Vielmehr lautet die Antwort: Gott ist genau jetzt in deiner Situation angekommen, er teilt deinen Zustand mit dir, er möchte jetzt bei dir einziehen.

Und ich bin überzeugt: Wenn man genau hinsieht, dann verkörpern in diesen Tagen Menschen mit ihrem Angesicht und ihrer Hilfsbereitschaft diesen Gott: Pflegende und Ärzte, Angehörige, die Sie begleiten, unerwartete Besuche, die sich zu Ihnen gesellen. Wieviel bedeutet da ein wenig Zeit, ein Lächeln, eine angenehme Berührung, ein gutes Wort?! Wenn Gott die Liebe ist (1 Joh 4,8), dann wird Gott auch in diesen Tagen mitten unter uns Mensch.

Fürbitten　　Gott ist die Liebe. Darauf vertrauen wir, wenn wir in unseren Anliegen zu ihm beten: Wir rufen dich, Herr, Gott, erhöre uns.

- ○ Wir denken an Menschen, die an diesem Weihnachtsfest krank sind und nicht zu Hause sein können. Lass sie erfahren, dass du ihnen nah bist.
- ○ Wir denken an Menschen, die sich nicht selbst versorgen können und hilflos wie ein Kind. Stell ihnen Menschen an die Seite, die sie würdevoll unterstützen.
- ○ Wir denken an Menschen, die auch an den Festtagen Dienst tun, um anderen zu helfen. Ermutige sie und stärke sie in ihrer Aufgabe.
- ○ Wir denken an Menschen, die mit den Weihnachtstagen nichts anfangen können und am liebsten davor fliehen möchten. Zeige du dich ihnen als Sinn und Kraft zum Leben.
- ○ Wir denken an unsere lieben Verstorbenen, die diese irdische Herberge verlassen haben. Schenke ihnen Heimat und Geborgenheit bei dir.

Mensch gewordener Gott, du bist alle Tage bei uns. Dir sei Dank und Ehre in Ewigkeit. Amen.

Christoph Seidl

GOTT VERURTEILT NICHT

FASTENZEIT

Liedvorschläge GL 358 (Ich will dich lieben)
GL 270 (Kreuz, auf das ich schaue)
GL 433 (Ich will dir danken)
GL 430 (Von guten Mächten)

Einführung Wir gehen Ostern entgegen, dem Fest des Lebens und der Zuversicht. Wer unter einer Krankheit zu leiden hat, dem kann schon mal die Zuversicht verloren gehen. Zu den körperlichen Symptomen gesellen sich nicht selten auch seelische Sorgen und Nöte. Was einem nicht alles durch den Kopf geht, wenn man da sitzt oder liegt und den ganzen Tag so vor sich hin sinniert! Das kommende Fest wirft in unserem Gottesdienst seinen Schatten – oder sagen wir doch besser: sein Licht voraus! Der Herr will unsere schweren Gedanken vertreiben oder doch wenigstens etwas leicht machen. Die Texte dieses Gottesdienstes möchten unseren Blick weiten und uns verlorenen Mut zurückschenken. Öffnen wir uns für die Begegnung mit ihm.

Kyrie-Rufe Herr Jesus Christus
du bist gekommen um zu heilen, was verwundet ist. Du hast alle Mühseligen und Beladenen zu dir gerufen.
Du hast unser Menschenlos geteilt und kennst unsere Sorgen und Nöte.

Gebet Barmherziger Gott, sieh auf uns, die wir uns in deinem Namen versammelt haben. Du weißt, was uns bedrückt: Körperliche Leiden und Schmerzen, die Frage, wie es weitergeht, aber auch so manche schweren Gedanken, wenn wir auf unser Leben zurückschauen. Richte uns wieder auf, Herr, unser Gott. Schenke den Frieden, den die Welt nicht geben kann, und stärke uns mit deinem göttlichen Leben. Darum bitten wir durch Christus, unseren Herrn. Amen.

Lesung   Jes 43,16–21 (Gott schafft Neues und bringt seinem Volk Heil)

Evangelium   Joh 8,1–11 (Jesus verurteilt die Ehebrecherin nicht)

Kurzansprache

„Lass das liegen, das ist schmutzig!" Diesen Satz habe ich aus meiner Kindheit noch im Ohr. Die Sonntagsspaziergänge versuchte ich durch das Sammeln von allerhand Dingen, die am Boden herumlagen, etwas interessanter und kurzweiliger zu machen. Einmal hatte ich ein Vogelei gefunden, das wohl aus dem Nest gefallen sein musste. Ich nahm es mit nach Hause und legte es in die Schachtel meiner „Kostbarkeiten". Irgendwann hatte ich es vergessen, aber es begann, unangenehm zu riechen. Es dauerte, bis die Quelle dieses Geruchs ausfindig gemacht wurde. In Zukunft wurde ich etwas vorsichtiger mit dem, was ich unterwegs aufsammelte.

„Lass das liegen, das ist schmutzig!" Etwas Ähnliches begegnet mir heute im Evangelium: Lass die Steine liegen, lass die alten Geschichten liegen. Sie aufzuheben und sie auch noch als Waffen zu benutzen, führt nicht zum Leben, im Gegenteil: Es lähmt oder tötet gar. Lass es liegen. Belaste dich und die anderen nicht mehr damit! Verstelle dir damit nicht die gute Aussicht, nimm dir damit nicht guten Lebensraum weg, den du selber zum Atmen brauchst!

Manchmal entwickeln wir Menschen ein ganz seltsames Gefallen daran, negative Erfahrungen aufzulisten oder erlittenes Unrecht immer wieder aufzuwärmen. Das kann daran liegen, dass wir durch ähnliche Geschichten wieder daran erinnert werden oder dass es uns gerade selber schlecht geht. Dann werden negative Erfahrungen aus der Vergangenheit dafür verantwortlich gemacht. Schlechte Erinnerungen werden aufaddiert, und das ganze Leben erscheint plötzlich als eine Aneinanderreihung von Unrecht und Tragik. In „dürren" Zeiten, auf Durststrecken passiert das ziemlich oft – im Krankenhaus zum Beispiel oder in anderen traurigen Momenten.

Lassen wir uns die Worte zusagen, die Jesaja vor über zweieinhalbtausend Jahren im Namen Gottes den Israeliten zugerufen hat: „Denkt nicht mehr an das, was früher war; auf das, was vergangen ist, sollt ihr nicht achten. Seht her, nun mache ich etwas Neues. Schon kommt es zum Vorschein, merkt ihr es nicht? Ja, ich lege einen Weg an durch die Steppe und Straßen durch die Wüste." (Jes 43,18 f)

Fürbitten

Gott schafft Neues, wo uns Altes noch belastet. Er legt Wege an, wo wir keine mehr sehen können. In unserer Sehnsucht nach Leben kommen wir zu ihm und rufen: Du Gott des Lebens – wir bitten dich, erhöre uns.

○ Wir bitten für alle, die neben ihrer Krankheit auch ein Lebensschicksal bedrückt – richte sie auf und befreie sie zum Leben.

○ Wir bitten für alle, die nicht vergessen können und anderen nachtragen – ermutige sie, alte Geschichten liegen zu lassen.

○ Wir bitten für alle, die in Beratung und Begleitung anderen zur Seite stehen, Wege zum Leben zu finden – stärke und schütze sie in ihrem Dienst.

○ Wir bitten für alle, die keine Zukunft in ihrem Leben sehen können – eröffne ihnen neue Perspektiven.

○ Wir bitten für alle, deren Leben auf dieser Erde zu Ende gegangen ist – öffne ihnen die Tür zum Leben bei dir.

„Seht her, nun mache ich etwas Neues!" Auf dein Wort, Gott, vertrauen wir. Dir sei Lobpreis und Ehre in Ewigkeit. Amen.

Christoph Seidl

AUFERSTEHUNG – STEH AUF

OSTERN

Liedvorschläge GL 337,1.6–7 (Freu, dich, erlöste Christenheit)
GL 336 (Jesus lebt, mit ihm auch ich)
GL 329 (Das ist der Tag, den Gott gemacht)
GL 382 (Ein Danklied sei dem Herrn)

Einführung Ostern bedeutet für uns Christen: Die lebensfeindliche Macht des Todes wird nicht das letzte Wort behalten. Was wir für Jesus Christus bekennen, erhoffen wir zuversichtlich auch für uns alle. Das betrifft aber nicht nur für das Leben nach dem Tod, sondern auch für das Leben hier und jetzt. Ostern nimmt auch den lebensfeindlichen Mächten in diesem Leben die letzte Spitze: der Angst, der Hoffnungslosigkeit, dem Schmerz.
Wenn wir jetzt zusammen Gottesdienst feiern, dürfen wir alle Erfahrungen, die uns bedrücken und einengen, dürfen wir Krankheit und alle anderen Sorgen vor den auferstandenen Herrn bringen und ihn bitten, dass er uns neue Kraft und neuen Mut zum Leben schenke.

Kyrie-Rufe Herr Jesus Christus,
du hast Leid und Tod überwunden.
Du schenkst uns, was irdische Macht nicht zu geben imstande ist.
Dein Lebensweg ist für uns das Heil.

Gebet	Du Gott des Lebens, durch die Auferweckung deines Sohnes Jesus Christus hast du uns neue Hoffnung und Lebensfreude geschenkt. Wir danken dir für dein machtvolles Wirken in unserer Welt. So bitten wir dich heute besonders für alle Kranken und Verzagten: Richte sie auf und führe sie zur Quelle des Lebens, die du selbst bist. Darum bitten wir durch Christus, unseren Herrn. Amen.
Lesung	Apg 3,1–10 (Petrus heilt einen Gelähmten)
Evangelium	Mk 16,9–18 (Jesus sendet seine Jünger, Kranke zu heilen)

Kurzansprache

In diesen österlichen Tagen sind unsere Gedanken auf die Auferstehung und den Auferstandenen gerichtet. „Verklärt ist alles Leid der Welt…", heißt es in einem Osterlied. Ich will Ihnen die österliche Freude nicht rauben, aber möglicherweise denken Sie sich ja: Wenn es doch nur so wäre! Wenn doch auch ich hören dürfte: „Steh auf und geh umher!" oder auch „Steh auf, du bist gesund!" So etwas ist uns schon berichtet worden – denken wir nur an die Wunderheilungen von Lourdes.

Vielleicht verlassen Sie diesen Gottesdienst aber auch genauso krank, wie Sie gekommen sind. Und doch habe ich einmal ein berührendes Zeugnis kranker Menschen in Lourdes hören und lesen dürfen: „Lourdes hat uns eine ‚neue Welt' eröffnet, in der das Leid, der Schmerz, ein wenig von seinem Schrecken verliert und einen Sinn im Leben erkennen lässt. Auf besondere Weise dürfen wir hier erfahren, dass sich Himmel und Erde berühren und Wirklichkeit sind. Werden wir auch nicht körperlich geheilt, so ist es uns auf Grund dessen möglich, immer wieder aufs Neue unser Ja zum Willen Gottes auszusprechen und unser Kreuz anzunehmen."

Mögen Sie dieselbe oder eine ähnliche Erfahrung in diesem heutigen Gottesdienst und damit die Erfahrung der Anwesenheit des Auferstandenen in Ihrem Leben ebenfalls machen!

Fürbitten Durch Christus, der zur Rechten Gottes sitzt, wollen wir zum Vater im Himmel beten: Herr, wir vertrauen deiner Macht.

o Durch Christus, deinen geliebten Sohn, richte auf, die von Krankheit niedergedrückt werden.

o In seinem Namen schenke allen unseren Kranken Genesung.

o Gib ihnen Kraft, im Schauen auf ihn auszuhalten und ihre Krankheit zu tragen.

o Gib allen kirchlichen Mitarbeitern Eifer in der Sorge für die Kranken.

o Segne das Wirken aller, die den Kranken beistehen.

o Lenke den Blick der unheilbar Kranken auf das Heil, das du uns schenken willst.

o Hilf allen, die den Tod vor Augen haben, zu einem versöhnten Abschluss ihres Lebens.

o Lass uns mit unseren Verstorbenen über den Tod hinaus verbunden bleiben.

Vater, dein Sohn hat Leiden und Tod auf sich genommen im Vertrauen, dass deine Macht ihn retten wird. Lass auch uns, die wir uns dir anvertrauen, nicht zuschanden werden auf ewig. Amen.

Johannes Putzinger

KOMM, O TRÖSTER, HEILIGER GEIST

Liedvorschläge GL 351 (Komm, Schöpfer Geist, kehr bei uns ein)
GL 149 (Liebster Jesu, wir sind hier)
GL 346 (Atme in uns, Heiliger Geist)
GL 484 (Dank sei dir, Vater)

Einführung Es ist nicht immer alles gut im Leben, selbst nicht für glaubende Menschen. Die Beziehung zu Gott, zu Jesus, bewahrt nicht vor Erfahrungen der Enttäuschung, vor Momenten der Sinnleere. Das mussten auch die Jünger Jesu erfahren, die – so könnte man meinen – am nächsten ihren Herrn erleben durften. Aber schon zu Lebzeiten haben sie ihn oft nicht verstehen können. Sein Kreuzestod hat sie zutiefst verstört und beinahe zur Flucht getrieben. Und kurze Zeit, als sie nach seiner Auferstehung dachten, jetzt sei alles für immer gut, da entzog er sich ihnen wieder, diesmal scheinbar für immer.

Mir scheint, es ist eine Grunderfahrung des Lebens, auch glaubender Menschen, dass Gott nicht greifbar ist, dass er sich immer wieder unserem Zugriff zu entziehen scheint. In diesen Tagen feiern wir Christen aber eine Kraft, die uns von Gott geschenkt ist und immer in uns wirkt: Gottes Heiligen Geist – Gottes heilenden Geist. Er möchte jetzt neu in uns erfahrbar werden, wenn wir in seinem Namen versammelt sind.

Kyrie-Rufe Herr Jesus Christus,
der Geist des Herrn hat dich gesandt, den Armen eine gute Nachricht zu bringen.
In deinem Tod am Kreuz hast du deinen Geist über die ganze Welt ausgehaucht.
Du hast uns den Geist Gottes als Beistand und Tröster hinterlassen.

Gebet	Lebenspendender Gott, in diesen Tagen feiern wir dankbar, dass du mit deinem guten Geist in unserer Welt zugegen bist. Oft fragen wir nach deinen Gedanken und deinen Wegen, aber dein Geist lebt immer in uns, er stärkt uns, treibt uns, tröstet uns. Lass uns wachsam sein für das Wirken deines Geistes und lass uns erfahren, dass du uns nie verlässt. Darum bitten wir durch Christus, unseren Herrn. Amen.
Lesung	Röm 8,22–27 (Gottes Geist nimmt sich unserer Schwachheit an)
Evangelium	Joh 14,15–20 (Gott will uns einen Beistand geben, der für immer bei uns bleiben soll)

Kurzansprache

Es ist zum Davonlaufen. – Ich will weg hier. – Ich halte es nicht mehr aus.

Vielleicht sind das die Gedanken von manch einem Patienten hier: Ich möchte aus der Haut fahren, ich möchte das alles nicht ertragen müssen, bloß weg. Aber es ist gar nicht so einfach mit dem Davonlaufen. Denn die Wirklichkeit holt mich meist sehr schnell wieder ein.

Es ist eine Sache der Blickrichtung. Menschen, die am liebsten davonlaufen möchten, vermuten oft, dass sie vom Leben an den falschen Platz gestellt wurden. Sie schauen sehnsüchtig irgendwohin, wo sie das Glück und den Sinn eher oder vielleicht sogar ganz sicher erwarten. Sie schweifen mit ihrem Blick weit in die Ferne und übersehen oftmals etwas Naheliegendes. Bei der Himmelfahrt Christi machen die Jünger eine ganz ähnliche Erfahrung: Sie schauen unverwandt zum Himmel hinauf. Sie sind enttäuscht. Erst müssen Boten kommen, die ihren Blick wieder zur Erde lenken, zu ihrer Aufgabe, an den Ort, an dem sie gebraucht werden. Christus ist ihnen nicht genommen, er ist auf andere Weise bei ihnen. In ihnen!

Vom schlesischen Mystiker und Dichter Angelus Silesius gibt es ein sehr schönes Wort, das diesen Glauben auf den Punkt bringt: „Halt an, wo laufst du hin, der Himmel ist in dir: Suchst du Gott anderswo, du fehlst ihn für und für."

„Der Himmel ist in dir." Angelus Silesius richtet meinen Blick nicht nur zur Erde, sondern tief in mein Inneres. Weder ängstliches

Davonlaufen noch träumerisches Schwärmertum bringen mich der Erfüllung meines Lebensziels näher. Der Himmel ist in mir: Tief in mir ist der Sinn meines Lebens verborgen, den ich allerdings erst entdecken muss. Ich bin ausgestattet mit Tatkraft und Phantasie, um auch mit den Widrigkeiten des Lebens umgehen zu können. Die Bibel nennt das den „Geist", den Lebensatem, mit dem ich mein Leben gestalten und auf Herausforderungen reagieren kann. Dieser Geist ist der Beistand, auch Tröster genannt. Er ist er Motor, der mich wieder antreibt, wenn ich auch grade meine „Flügel" hängen lasse. Silesius sagt es sogar noch deutlicher: Gott selbst ist in mir – ich entdecke ihn in der Lebenskraft, die mich antreibt und ja sagen lässt zu meinem Leben und mir selbst. Gott ist mir innerer als mein Innerstes – so hat es der Kirchenlehrer Augustinus gesagt. Wenn ich vielleicht momentan alles zum Davonlaufen finde: Gott ist in mir, er tröstet mich mit seiner Kraft, mit seinem guten Geist in mir!

Fürbitten   Gottes Geist belebt und stärkt uns. Wir bitten ihn: Geist Gottes, erneuere die Welt!

- Wir beten für unseren kranken N. und alle Kranken – um Kraft und Trost.
- Wir beten für alle Pflegenden, Mediziner und alle anderen helfenden Dienste – um Geduld, Ausdauer und eine gute Hand.
- Wir beten für alle Angehörigen, die zur Seite stehen – um Stärkung ihrer Kraftreserven.
- Wir beten für alle in der Medizin Forschenden – um Kreativität und deinen unerschöpflichen Erfindergeist.
- Wir beten für alle, die uns vorangegangen sind – um Licht und Leben bei Gott.

Gott, dein Geist spendet Trost in Leid und Not. Dir sei Preis und Dank in Ewigkeit. Amen.

Christoph Seidl

SCHWESTER DERER, DIE DAS LEBEN NICHT VERSTEHEN

MARIA – MAIANDACHT

Vorbemerkung Die Elemente dieser Feier eignen sich bei entsprechender Auswahl auch für eine Maiandacht.

Liedvorschläge GL 536 (Gegrüßet seist du, Königin)
GL 535 (Segne du, Maria)
GL 422 (Ich steh vor dir mit leeren Händen)
GL 521,1.3–4 (Maria, dich lieben)

Einführung Manchmal verstehen wir die Welt nicht mehr. Alles, was bisher selbstverständlich war, Kräfte, Gesundheit, alltägliche Abläufe, ist in Tagen der Krankheit anders, durchkreuzt, unverständlich. In Maria finden wir eine Schwester in unserer Not. In den Szenen, die die Heilige Schrift von ihr berichtet, wirkt auch sie manchmal wie vor den Kopf gestoßen, verunsichert von der Situation, vielleicht sogar enttäuscht in ihren Erwartungen.
Wenden wir uns mit Maria an ihren Sohn, der uns das Leben nicht erklärt, aber es mit uns teilen möchte.

Kyrie-Rufe Herr Jesus Christus,
du hast wie wir in einer Familie leben und glauben gelernt.
Du hast deiner Mutter Maria schwere Wege nicht erspart.
Am Kreuz hast du uns Maria zur Mutter gegeben.

Gebet Herr, unser Gott, deine Wege sind uns oft fremd, deine Gedanken unverständlich. Aber du stellst uns Menschen an die Seite, die uns begleiten. In Maria hast du uns eine Wegbegleiterin gegeben, die die schweren Seiten des Lebens gut kennt. Lass uns mit ihr an der Seite getröstet und gestärkt die Herausforderungen unseres Lebens annehmen. Darum bitten wir durch Christus, unseren Herrn. Amen.

Lesung Jes 55,6.8–11 (Gottes Wort bewirkt, was er will)

Evangelium Mk 3,31–35 (Wer den Willen Gottes erfüllt, der ist für Jesus Bruder und Schwester und Mutter)

Kurzansprache

Seit frühester Kindheit war er behindert. Er konnte kaum sprechen und kaum schreiben, zeitlebens litt er unter starken Schmerzen. Er war ein Adeliger, erzogen im Kloster Reichenau. Wegen seiner schweren Behinderung konnte er nicht Priester werden. Aber er war ungeheuer intelligent. Mit 30 Jahren wurde er ins Kloster aufgenommen. Von ihm sind uns eine Weltchronik, ein Buch über Tonkunst, Abhandlungen über die Rechenkunst und über die Mondfinsternis überliefert. Er starb 1054 mit 42 Jahren. Die Rede ist von dem Mönch Hermann von der Reichenau im Bodensee, Hermann der Lahme genannt. Ihm wird das „Salve Regina" zugeschrieben, jener berühmte marianische Gesang, der an vielen Tagen im Jahr das Nachtgebet der Kirche beschließt.

Wenn man die Lebenssituation dieses Mönches vor Augen hat, bekommen einige Wendungen in dem Mariengebet ein Gesicht: Menschen als „verbannte Kinder Evas", „trauernd und weinend in diesem Tal der Tränen", das Leben der Menschen als „Elend" beschrieben. Ein Leben mit Krankheit und Schmerzen lässt sicher keine schöneren Vokabeln zu. Umso beachtlicher, dass er sich an Maria mit solch liebevoll-schwärmerischen Worten wendet: „unsere Wonne", „o gütige, o milde, o süße Jungfrau".

Warum richtet er seine Aufmerksamkeit in seiner Not auf Maria? Vielleicht weil sie die Evangelien wiederholt als eine Frau beschreiben, die nicht einmal ihren eigenen Sohn verstanden hat. Viele Stellen, an denen ihr Name genannt wird, lassen eher aufhorchen ob des rüden Tons, der ihr gegenüber anklingt. Der zwölfjährige Jesus fragt seine besorgten Eltern: „Warum habt ihr mich gesucht?" (Lk 2,49) Bei der Hochzeit zu Kana bekommt die sorgende Maria zur Antwort: „Was willst du von mir, Frau?" (Joh 2,4) Und als sie einmal draußen vor der Tür wartet, meint Jesus: „Wer ist meine Mutter?" (Mk 3,33) Nicht gerade Antworten, die man von einem göttlichen Kind erwartet! Freilich geht es Jesus in den genannten Situationen stets um seine Sendung, die über diese irdische Welt hinaus reicht. Dennoch wird es wohl für Maria nicht immer auf den ersten Blick erkennbar gewesen sein, was ihr Sohn, was Gott, was das Leben mit ihr vorhat. Den Ruf Gottes einmal zu hören ist eine Sache, seine Stimme ein Leben lang immer neu wahrzunehmen, eine ganz andere. Ich lese die marianischen Schriftstellen so, dass diese Frau wohl auch zu kämpfen hatte mit dem „Willen Gottes", dass es ihr keineswegs immer klar war, wohin ihr Leben sie führt, und dass es über die frommen „Sieben Schmerzen Mariens" hinaus eine Vielzahl von Momenten in ihrem Leben gegeben hat, in denen sie ihren Gott nicht verstehen konnte.

Es tut gut, an dunklen Tagen jemanden zu kennen, der die eigenen Sorgen aus seiner Geschichte heraus nachvollziehen kann und vielleicht nur sagt: Ich verstehe es auch nicht. Das ist bei aller Bitterkeit der Erfahrungen wohltuend und erleichternd. Oder mit den Worten von Hermann dem Lahmen sogar „süß"?

Sprechen wir das alte Mariengebet gemeinsam.

Salve Regina   GL 10,1 (Sei gegrüßt, o Königin …)

Fürbitten   In Maria konnte Gott Wohnung nehmen, weil sie offen war für die Überraschungen ihres Lebens. Sie wurde zur Schwester all derer, die sich in einer schwierigen Situation befinden. Bitten wir ihren Sohn in unseren vielfältigen Anliegen. Lasset zum Herrn uns beten: Herr, erbarme dich. (GL 181,1)

  o Wir bitten für alle Menschen, die durch Krankheit oder eine andere Krise aus der Bahn geworfen wurden – *kurze Stille*: um innere Stärke und gute Wegbegleiter.

  o Wir bitten für alle Menschen, die sehr stark mit sich selbst und ihren persönlichen Sorgen beschäftigt sind – *kurze Stille*: um den rechten Blick für gute Entscheidungen.

- Wir bitten für alle Menschen, die sich selbstlos für andere einsetzen – *kurze Stille*: um die Fähigkeit, gut in sich selbst zuhause zu sein.
- Wir beten für alle Menschen, die sich in ihrer Großherzigkeit ausgenützt und ausgebrannt im Leben fühlen – *kurze Stille*: um neuen Mut für den nächsten Schritt und neues Vertrauen in deine Fürsorge.
- Wir beten für alle Menschen, die im Vertrauen auf Maria neue Lebenskraft spüren – *kurze Stille*: um die Gabe, ihre Überzeugung glaubhaft weitergeben zu können.

Du Gott des Lebens, von dir erhoffen wir die Fülle des Lebens. Dir sei Lob und Dank in Ewigkeit. Amen.

Christoph Seidl

„DEM WILL ICH TRAUEN IN DER NOT"

Liedvorschläge GL 423 (Wer unterm Schutz des Höchsten steht)
GL 421 (Mein Hirt ist Gott der Herr)
GL 424 (Wer nur den lieben Gott lässt walten)
GL 416 (Was Gott tut, das ist wohlgetan)

Einführung „Dem ich will trauen in der Not": Dieser Vers aus
einem Kirchenlied kann an manchen Tagen eine ge-
waltige Herausforderung sein: wenn man plötzlich
nicht mehr weiß, wie es weitergehen soll, wenn
sich schwere Erlebnisse kaum noch ertragen lassen,
wenn sich keine Perspektive für die Zukunft mehr
abzeichnet.
Wir sind dennoch hier zusammengekommen, vielleicht, weil wir die Ahnung der Jünger Jesu in uns
tragen, die gesagt haben: „Herr, zu wem sollen wir
gehen? Du hast Worte des ewigen Lebens." (Joh 6,68)
Wir sind eingeladen, zu bringen, was wir haben: unsere Nöte und Ängste, unsere Hoffnung und unsere
Sehnsucht. Wir bitten um neue Kraft, wir bitten darum, dass Gott unsere leeren Hände mit seinem Leben füllen möge.

Kyrie-Rufe Herr Jesus Christus,
du bist in die Welt gekommen, ohnmächtig und hilflos
wie jedes Menschenkind.
An manchen Stationen deines Lebens hat auch dich
die Angst gepackt.
Am Kreuz hast du gebetet: „Warum hast du mich
verlassen?"

Gebet	Gott, unser guter Vater, vertrauensvoll kommen wir in dieser schweren Situation zu dir. Wir wissen nicht, was noch kommt, wir kennen den Weg noch nicht, den wir gehen sollen. Aber die Ahnung führt uns zu dir, dass du Leben für uns bereit hältst, auch wo wir keines mehr vermuten. Stärke uns in unserer Ohnmacht und Hilflosigkeit und lass uns erfahren, dass du alle Wege mit uns gehst. Darum bitten wir durch Christus, unseren Herrn. Amen.
Lesung	Gen 18,1–10a (Gott kündet Abraham einen Sohn an)
Evangelium	Mt 11,28–30 (Jesus will unsere Lasten tragen)

Kurzansprache

„Es gibt Augenblicke ohne Zukunft", so schreibt die Schriftstellerin Ilse Aichinger, Augenblicke, *„die sehr verheißungsvoll sind. / Die die verheißungsvollsten sind. / Die ihrem Wesen nach schon eher Orte sind. / Aus ihnen leben wir."*

Augenblicke ohne Zukunft – sie gibt es tagtäglich und nicht zu knapp: Vielleicht ist es gerade diese Zeit der Krankheit, von der man nicht weiß, wohin sie noch führen mag!

Augenblicke ohne Zukunft. Wenn die jüdische Schriftstellerin Ilse Aichinger (*1921) von solchen Augenblicken schreibt, dann kann man sich vorstellen, welche Augenblicke sie vor Augen hat. Den Größenwahn des Nationalsozialismus hat sie selbst überlebt, einige enge Verwandte aber verlor sie.

Augenblicke ohne Zukunft – eigentlich sogar ein ganzes Leben ohne Zukunft: davon erzählt die Bibel in der Geschichte Abrahams. Er ist Nomade, auf der Suche nach geeignetem Weideland hat er sich in Harran angesiedelt. Er hat äußerlich betrachtet alles, was er zum Leben braucht. Aber etwas Wesentliches macht ihm das Leben zur Hölle: Er und seine Frau Sara haben keine Kinder. Zur damaligen Zeit ein Leben ohne Zukunft!

Die Bibel erzählt weiter, dass Abraham immer wieder die Stimme Gottes deutlich vernommen habe, der ihm Nachkommen so zahlreich wie die Sterne am Himmel verheißen habe. Es gebe nur eine Bedingung dafür: Abraham muss wegziehen, aufbrechen und sich auf Neuland begeben. Der Zug in die Fremde fällt ihm alles andere als leicht, und lange Zeit scheint es so, als würde er vergeblich auf

Hilfe warten. Aber dann geschieht etwas völlig Unerwartetes: Drei Fremde begegnen ihm in der Mittagshitze mitten in der Wüste. Im Besuch der Fremden erkennt Abraham seinen Gott, und der bekräftigt sein Versprechen, dass es Zukunft gibt für Abraham und Sara: Sie werden in Jahresfrist einen Sohn bekommen. Fruchtbarkeit, Leben, wo es kein Mensch mehr erwartet hätte!

Augenblicke ohne Zukunft – sie können in der Tat die verheißungsvollsten sein: Gerade dann begegne ich einem Menschen, den ich noch nie gesehen habe, und er wird mir zum Freund, zum Begleiter. Gerade dann entdecke ich einen Weg, den ich vorher nicht gesehen habe. Gerade dann kommt mir eine Idee, die den Knoten in meinem Kopf löst. Die Kunst besteht darin, dieses Fremde oder Neue, das mir begegnet, nicht weiterziehen zu lassen, sondern darin, eine Möglichkeit zu erkennen, wie es im Leben weitergehen könnte, möglicherweise völlig anders als erwartet.

Ilse Aichinger verwendet für den Neuansatz im Leben den alten Begriff der Verheißung. Sie erinnert damit an die vielen Erfahrungen von Menschen in der Bibel, die an einem Punkt in ihrem Leben nicht mehr weiter wussten und dennoch etwas mit auf den Weg zu bekommen spürten, das ihnen Kraft gab.

Wer trotz der Leere eines solchen Wendepunktes daran festhalten kann, dass sich etwas Neues im Leben ereignen wird, für den werden auch Augenblicke ohne Zukunft plötzlich zu einem Ort, an dem man leben kann.

Fürbitten   Gott verheißt Leben, wo wir keine Zukunft mehr sehen können. Auf der Suche nach diesem Leben wenden wir uns vertrauensvoll an Gott und rufen: Du Gott des Lebens – wir bitten dich, erhöre uns.

○ Wir bitten für alle Kranken, besonders für N.: Lass sie erfahren, dass sie nicht vergessen sind und stell ihnen Menschen an die Seite, die sie liebevoll begleiten.

○ Wir bitten für alle Menschen, die mit einem schweren Schicksal zu kämpfen haben: Stärke sie mit Momenten der Zuversicht und mit innerer Ruhe.

○ Wir bitten für alle Einsamen und Verzweifelten: Lass sie in der Begegnung mit anderen Menschen neuen Sinn in ihrem Leben und deine Fürsorge entdecken.

○ Wir bitten für alle, die sich in ihrem Beruf oder im Ehrenamt medizinisch, pflegerisch oder sozial für ihre Mitmenschen einsetzen: Lass sie nicht müde werden und schenke ihnen Momente, da sie im anderen dich deutlich erkennen.

○ Wir bitten für alle Getauften und Gesalbten: Lass sie sich stets ihrer Würde und ihres Auftrags bewusst sein, dass du sie zu den Menschen schickst.

Guter Gott, du bist ein Gott der Menschen, in den anderen bist du uns nah und schenkst uns deine Gegenwart. Dir sei Lobpreis und Dank in Ewigkeit. Amen.

Christoph Seidl

„DU BIST VON DEINEM LEIDEN ERLÖST"

DIE HEILUNG DER GEKRÜMMTEN FRAU

Liedvorschläge GL 414 (Herr, unser Herr, wie bist du zugegen)
GL 418 (Befiehl du deine Wege)
GL 534 (Maria, breit den Mantel aus)

Einführung Ihnen gilt heute mein besonderer Gruß. Gerne bin ich zu Ihnen gekommen, um Ihnen in Ihrer Krankheit meine Aufmerksamkeit zu schenken und gute Wünsche zu übermitteln. Sie brauchen gewiss manche Hilfe in diesen Tagen. Auch seelischer Beistand scheint mir nicht unwichtig zu sein. Deshalb möchte ich gerne mit Ihnen einen kleinen Krankengottesdienst halten. Ich beginne mit einem Gebet.

Gebet Gütiger Gott, in deinem Namen sind wir hier beieinander. Wir wenden uns an dich, weil uns unsere Kranken Sorgen machen. Wir glauben, dass du den Kranken besonders nahe bist. Schenke uns dein Wort! Es ist wie Licht in der Nacht, Kraft in der Schwäche. Richte unsere/n Kranke/n dadurch auf, so dass er/sie Zuversicht schöpft und froh wird. Darum bitten wir durch Christus, unseren Bruder und Herrn. Amen.

Evangelium Lk 13,10–17 (Jesus richtet die gekrümmte Frau auf)

Kurzansprache

Die Bibel berichtet von zahlreichen Krankenheilungen durch Jesus. Das muss nicht alles genauso, wie es da steht, geschehen sein. Wichtig ist die Aussage, dass Jesus der Heiland ist. Er ist gekommen, um die Menschen, die in vieler Hinsicht krank sind, zu heilen. Die Bibel macht deutlich, dass die Kranken Jesus sehr am Herzen liegen.

Ich bin sicher, dass dies auch für Sie gilt. Jesus ist auch Ihr Heiland. Er will Ihr Heil.

Ich habe Ihnen die Erzählung von der gekrümmten Frau vorgelesen.

Auch wenn Ihre Krankheit nicht die gleiche ist, könnte diese Heilungsgeschichte für Sie eine Frohe Botschaft sein.

Auch Ihre Krankheit hat Sie niedergedrückt. Häufig geraten Kranke wie die gekrümmte Frau an den Rand. Sie können kaum mehr eine aktive Rolle spielen. Auch ihr Blick ist eingegrenzt.

Oft sehen sie kein Weiterkommen. Tage vergehen, manchmal sogar Jahre, und es wird nicht besser.

Das Evangelium berichtet von einer Wende im Leben der Kranken durch Jesus. Er sieht sie und ruft sie zu sich. Er heilt sie ohne Rücksicht zu nehmen auf den Sabbat, an dem jede Tätigkeit verboten war. Für ihn zählt nur der Kranke und keine noch so fromme Regel.

Ich bin sicher, dass Jesus auch Sie hier sieht. Er übersieht die Kranken und Schwachen nicht. Er ruft sie zu sich und stellt sie in den Mittelpunkt. Er schenkt Heil. Selbst wenn Sie nach einer Begegnung mit Jesus, der zu Ihnen kommt in seinem Wort oder Sakrament, nicht einfach körperlich gesund werden, richtet er sie doch seelisch auf, erfüllt Sie mit einer Hoffnung auf Leben in Fülle. Es tut gut, zu wissen, dass Sie nicht tiefer fallen können als in Gottes gütige und bergende Hand. Er lässt Sie nicht fallen.

Diese Zuversicht durch den Glauben kann sich sehr wohl auch auf den körperlichen Zustand auswirken. Darum möchte ich mit Ihnen (und Ihren Angehörigen) zusammen um Heilung und Heil durch Christus beten.

Gebet Herr Jesus Christus, Du hast damals in der Synagoge die gekrümmte Frau gesehen, sie zu dir gerufen und geheilt. Wir bitten dich, richte deinen Blick auch jetzt auf den/die Kranke/n hier in unserer Mitte. Richte ihn/sie auf und lass ihn/sie spüren, dass du das Heil der Kranken willst. Stärke seine/ihre körperlichen und seelischen Kräfte und lass ihn/sie froh werden, weil du ihm/ihr Hoffnung und Zukunft schenkst. Alles liegt in deiner Hand. Dir vertrauen wir; denn du bist unser Herr und Heiland jetzt und in Ewigkeit. Amen.

Fürbitten Lasst uns nun Fürbitte halten und Anliegen, die uns bewegen, vor Gott hin tragen:

○ Herr, unser Gott, wir beten für alle, die sich um unsere Kranken kümmern: Schenke ihnen Kraft und Freundlichkeit.

Herr, höre uns!

○ Für Ärzte und Pflegepersonal: Stärke ihre Bereitschaft, für die Kranken da zu sein.

○ Für Menschen, die einsam und verlassen, krank und in Not sind: Lass sie Hilfe finden.

○ Für alle, die uns wichtig sind und uns Sorgen machen: Steh ihnen bei.

○ Für die Seelsorger und Seelsorgerinnen in der Gemeinde: Lass sie Freude finden an ihrem Dienst an den Menschen.

Herr, wir danken dir für deine Nähe, die du gesunden und Kranken schenkst. Dir vertrauen wir jetzt und in Ewigkeit. Amen.

Segen Herr, wir bitten dich nun um deinen Segen, denn an deinem Segen ist alles gelegen.

Dabei empfehlen wir dir noch einmal ganz besonders unsere/n Kranke/n.

Herr, unser Gott, segne uns und alle die zu uns gehören. Segne vor allem unsere/n Kranke/n und lass ihn/sie allezeit deine heilende Nähe spüren! Darum bitten wir durch Christus, unsern Herrn.

Heinrich Bücker

BERÜHREN UND SICH ANRÜHREN LASSEN

DIE HEILUNG DER BLUTFLÜSSIGEN FRAU

Liedvorschläge GL 455 (Alles meinem Gott zu Ehren)
GL 383 (Ich lobe meinen Gott, der aus der Tiefe mich holt)
GL 468 (Gott gab uns Atem, damit wir leben)
GL 446 (Lass uns in deinem Namen, Herr, die nötigen Schritte tun)

Einführung Jeder Mensch sehnt sich zutiefst danach, von Krankheit, Wunden und Kränkungen geheilt zu werden. Viele vertrauen dabei der klassischen Schulmedizin, die zweifellos enorme segensreiche Fortschritte erzielt. Doch wir sind nicht nur ein hochkomplexes System von Organen. Körperliche Beschwerden hängen oft mit unserer seelischen Befindlichkeit zusammen. Was die Seele betrübt, zeigt sich auch in unserem Körper. Manchmal dauert es lange, bis ein Mensch erlebt, dass er/sie als ganzer Mensch mit Körper und Geist, Gefühlen und Sehnsüchten wahrgenommen und gesehen wird. Suchen wir in dieser Feier mit „Leib und Seele" – „mit unserem ganzen Leben" – die Berührung Gottes und erwarten seine heilende Liebe!

Kyrie-Rufe Herr Jesus Christus,
du weichst Nähe nicht aus, sondern erwiderst sie.
Du fühlst dich ein in das Leid von Menschen.
Du begegnest mir als Heiland, wenn ich es wage, dich zu berühren.

Gebet	Wir beten zu dir, Gott, um Hilfe, unsere Berührungsängste zu überwinden. Bemerke uns, wenn wir vorsichtig nach dir tasten. Öffne unser Ohr für dein heilendes Wort und befreie uns von Zwängen, die einengend und lebensfeindlich sind. Darum bitten wir durch Jesus Christus, unseren Bruder, in der Kraft des Heiligen Geistes. Amen.
Evangelium	Mk 5,24b–34 (Jesus heilt die blutflüssige Frau)

Kurzansprache

Die Geschichte von der Heilung der blutflüssigen Frau – sie ist eine von insgesamt nur vier Frauenheilungen im Neuen Testament – bewegt mich als Frau sehr. Indem Jesus diese Frau ansieht und sich von ihrem Leiden, ihrem Mut und vor allem ihrem Glauben anrühren lässt, holt er sie heraus aus der Bedeutungslosigkeit und wertet sie in ihrem Frausein auf. Nun aber zu denken, wie es vielfach geschieht, es handele sich hier um eine reine „Frauensache", um eine zu vernachlässigende biblische Perikope, ist eine vorschnelle, viel zu oberflächliche Reaktion. Bei dieser ungewöhnlichen Erzählung geht es um mehr als die bloße Heilung von einer jahrelang unstillbaren Frauenblutung – was an sich schon spektakulär wäre: Das Besondere an dieser Heilung ist, dass Jesu Blick die Frau als ganze Person wahrnimmt, mit Körper und Seele, mit ihren Gefühlen und Sehnsüchten. Die zaghafte Berührung des Gewandes Jesu durch die Frau und die Zuwendung Jesu lenken unsere Aufmerksamkeit auf die Beziehungsebene. Es findet hier eine Begegnung auf Augenhöhe statt, die heilsam wirkt.

Die Initiative geht hierbei von dieser schwer erkrankten Frau aus. Wie viel Kraft, Mut und Hoffnung muss sie aufgewandt haben in ihrer völlig ausweglos erscheinenden Situation: körperlich völlig ausgezehrt, entkräftet durch jahrelangen Blutfluss (eine minimale Ahnung davon vermag vielleicht zu spüren, wer schon einmal längere Zeit unter einem niedrigen Hb-Wert gelitten hat); zermürbt und verzweifelt von langen, vergeblichen Anstrengungen, Heilung und Hilfe zu erfahren; traurig, ängstlich und von Schuldgefühlen geplagt; dazu von der patriarchalischen Welt ihrer Zeit ausgegrenzt und isoliert wegen ihrer „Unreinheit"! Trotz alledem riskiert die Frau die Berührung, geht auf Jesus zu, nimmt Kontakt auf, um Heilung zu erfahren. Und das Wunder tritt ein: Ihre Berührung rührt

123

Jesus an – ihr geschieht Heilung an Leib und Seele! Sie schämt sich nicht mehr und zeigt sich so, wie sie in Wahrheit ist. Sie fühlt sich – wahrscheinlich eine umwerfend neue Erfahrung – angenommen und wertvoll.

Erkennen wir nun, dass in diesem vordergründig Frauen und ihre Blutungen thematisierenden Evangelium auch viel für uns alle gesagt wird? Regt es doch dazu an, sich mit ganz wesentlichen Lebensfragen auseinanderzusetzen:

Was sind meine Schwächen, meine Makel, die ich an mir nicht mag und meine, geheim halten zu müssen? Wofür schäme ich mich?

Wo fließt meine Lebenskraft weg? Wer oder was saugt mich aus? Leide ich vielleicht an einem „blutenden" Herzen?

Wer ist mein Arzt, an den ich mich wende und was erwarte ich von ihm?

Wie soll nach meiner persönlichen Sicht Heilung passieren? Was sind meine Lebensquellen? Will ich auch selbst gesund werden?

All diese Fragen konfrontieren uns mit uns selbst, gehen jeden an, führen uns vielleicht auf den heilsamen Weg, den die blutflüssige Frau so beherzt beschritten hat. Ihr Beispiel ist für mich eine tröstliche Hoffnungsgeschichte. Sie zeigt, dass es möglich ist, allen Widerständen zum Trotz Selbstheilungskräfte zu mobilisieren und in Beziehung zu sich selbst, zum Anderen und zu Gott treten zu können.

Fürbitten Menschen sehnen sich nach wohltuenden Begegnungen auf Augenhöhe, nach tragfähigen Beziehungen. In Krisen- und Leidsituationen fällt es schwer zu vertrauen und Schritte aufeinander zu zu machen. Lasst uns die Nöte, Ängste und Verwundungen, die Menschen am Leben hindern, in unseren Bitten vor Gott tragen und rufen: Du sei bei uns, in unserer Mitte, höre du uns, Gott. (GL 182,2)

○ Die Lebenswirklichkeit von Frauen wird auch heute noch in Kirche, Medizin und Gesellschaft häufig ausgeblendet oder nicht für wichtig gehalten. – Bestärke Frauen, selbstbewusst zu ihren frauenspezifischen Erfahrungen zu stehen und sie nicht aus Angst, Scham oder Unsicherheit zu verschweigen.

- Langzeitpatienten und -patientinnen haben meist eine Odyssee an vergeblichen Heilungsversuchen hinter sich und geraten durch ihre lange Leidensgeschichte vielfach in die Isolation. Ermutige sie, sich nicht aufzugeben und sich deiner heilenden Rettung anzuvertrauen.
- Pflegende Angehörige sind oft unentwegt im Einsatz, verausgaben sich und fühlen sich am Ende ihrer Kräfte. Schenke ihnen die Einsicht, dass es keine Schande ist, um Unterstützung zu bitten und sich eine Unterbrechung oder Auszeit zu gönnen.
- An einer Depression oder einem Burnout erkrankte Menschen leiden vielfach darunter, überfordert, ausgebrannt und völlig ausgelaugt zu sein, nichts mehr fühlen zu können und keinen Sinn mehr im Leben zu sehen. Hilf ihnen, wenn sie versuchen, wieder Zugang zu ihren Gefühlen zu finden, aktiviere ihre Selbstheilungskräfte und schenke ihnen neuen Lebensmut.

Du Gott des Lebens, du schaust die Menschen an, die mit ihren Bitten zu dir kommen. Stärke, was in ihnen wachsen will und schenke uns allen von deiner Lebenskraft, heute und alle Tage unseres Lebens. Amen.

Barbara Palm-Scheidgen

6. KAPITEL

DU GEHST MIR UNTER DIE HAUT

BAUSTEINE FÜR DIE FEIER DER KRANKENSALBUNG

„Sie sollen Gebete über ihn sprechen
und ihn im Namen des Herrn mit Öl salben." (Jak 5,14)

Kein Sakrament der Kirche ist mit so vielen Ängsten behaftet wie das Sakrament der Krankensalbung. Daran hat auch die Erneuerung des Ritus aus dem Jahr 1972 nicht viel geändert. In den Köpfen der Menschen hat sich der Name „Letzte Ölung" festgesetzt und er wird von Generation zu Generation überliefert. Was eigentlich stärken und ermutigen soll, sorgt bei den Betroffenen regelmäßig für Panikattacken. Vermutlich hängt die Angst aber weniger mit dem Namen zusammen als mit der Tatsache, dass die Krankensalbung immerhin einen bedrohlichen Zustand im menschlichen Leben markiert. Wenn ich Ja sage zur Krankensalbung, dann erkenne ich auch an, dass ich mit meiner Endlichkeit konfrontiert bin, egal, wie weit dieses Ende noch entfernt ist.

Das ist die eine Schwierigkeit. Der Mainzer Krankenhauspfarrer Erhard Weiher *(Die Religion, die Trauer und der Trost, 2007)* hat auf eine weitere Schwierigkeit hingewiesen: Je mehr wir uns bemühen, die Krankensalbung vom Lebensende zu entfernen und ihr den Charakter des Endgültigen zu nehmen, desto mehr fehlt in der tatsächlichen Sterbestunde ein „letztes Sakrament". Das wird sehr gut daran deutlich, dass die Worte der Spendeformel (Der Herr helfe dir, rette dich, richte dich auf) eher an eine Stärkung in diesem Leben denken lassen und weniger an einen Übergang in das Leben bei Gott.

Schließlich gilt es auch zu bedenken, dass das Zeichen der Salbung nicht mehr automatisch für sich spricht. Es bedarf stets neu einer Miniatur-Katechese, um in der entsprechenden Situation beim Empfänger wie bei den Mitfeiernden zumindest ein Basis-Verständnis für die heilige Handlung herzustellen.

Die Bausteine dieses Kapitels möchten eine Hilfe anbieten, um den festen Kern der Krankensalbung für unterschiedliche Lebenssituationen etwas differenzierter gestalten zu können.

Die Grundform der Krankensalbung sieht so aus:
- Eröffnung
- Schuldbekenntnis und Vergebungsbitte
- Gebet
- Schrifttext
- Fürbitten
- Handauflegung
- Lobpreis und Anrufung Gottes über dem Öl
- Salbung von Stirn und Händen
- Vaterunser
- Segen

Die frei zu gestaltenden Elemente werden im Folgenden auf verschiedene Situationen hin variiert.

IN ALTER UND GEBRECHLICHKEIT

Einführung   Das Alter bringt viele Beschwerden mit sich, manchmal wird das Leben schon richtig zur Last. Wir haben uns heute versammelt, um Sie, liebe/r N.N. mit dem Sakrament der Krankensalbung zu stärken. Seit urchristlichen Zeiten empfangen gebrechliche und geschwächte Menschen dieses Sakrament, um sich der Zusage Gottes zu vergewissern: Ich sehe dein Leid, ich gehe deine Wege mit dir, ich fange dich auf, wenn du fällst. So bereiten wir uns für diese intensive Begegnung mit Gott und öffnen ihm Herz und Sinne, damit er Einzug halten kann in uns.

Gebet   Gott, wir setzen unser Vertrauen ganz auf dich. Sieh auf N.N., sieh seine/ihre Gebrechlichkeit und seine/ihre leiblichen und seelischen Nöte. Nimm dich seiner/ihrer an, der/die voller Sehnsucht auf deinen Beistand, auf deine göttliche Kraft hofft. Schenke ihm/ihr in dieser Feier deine Nähe und deinen Segen. So bitten wir durch Jesus Christus, unseren Bruder und Herrn. Amen.

Schrifttext   Ps 90,10.12–17 (Unsere Tage zu zählen, lehre uns)

Fürbitten   In aller Mühsal und Beschwer wenden wir uns vertrauensvoll an Gott, der unsere Nöte kennt:
Gott, Helfer in der Not – wir bitten dich, erhöre uns.
- Wir bitten für N. N., der/die sich nach neuer Kraft zum Leben sehnt. Stärke und schütze ihn/sie.
- Wir bitten für alle alten und kranken Menschen (in diesem Haus, in diesem Ort, in dieser Stadt) – um gute Wegbegleiter.
- Wir bitten für alle, die sich um gebrechliche Menschen kümmern, besonders für *(Namen von Angehörigen, Pflegenden oder Ärzten nennen)* – um täglich neuen Mut.

○ Wir bitten für alle, die von schweren Sorgen geplagt sind – um den rechten Blick für sinnvolle Lösungen.

○ Wir bitten für alle, die nicht mehr glauben können – um Zeichen deiner Gegenwart in ihrem Leben.

Dir, Gott vertrauen wir, auf dich bauen wir. Dir sei Lobpreis und Dank in Ewigkeit. Amen.

Zur Handauflegung

Wenn ich Ihnen nun meine Hände auflegen darf, mögen Sie spüren, dass Gott seinen heilenden und tröstenden Geist sendet. Er erfülle Sie mit seiner Kraft.

Segen

Es segne dich Gott und wende sich dir zu mit seiner Liebe.

Er schenke dir neues Vertrauen ins Leben und öffne dir die Augen für die Menschen, die wie Engel an deiner Seite stehen.

Er stärke deinen Glauben und erfülle dich mit Zuversicht für das Stück Weg vor dir.

So segne dich der Gott deines Lebens, der Vater, der Sohn und der Heilige Geist. Amen.

Christoph Seidl

VOR EINER OPERATION/DIAGNOSE

Einführung Diese Tage sind anders als die bisherigen. Was Ihnen, N. N., bevorsteht, macht Ihnen große Sorgen. Da kann man kaum noch klar denken. Viele Fragen und Ängste machen sich breit. In dieser Situation möchte Gott Ihnen in seinem Sakrament nahe sein und Ihnen seinen Beistand zukommen lassen. Die Salbung mit dem heiligen Öl bedeutet Ausrüstung mit Kraft. Sie erinnert aber auch an die Taufe, in der uns bei der Salbung zugesagt wurde, dass wir für immer zu Christus gehören. Ihn bitten wir jetzt um sein Erbarmen.

Gebet Gott, du unser Retter, in großer Bedrängnis rufen wir zu dir. Komm N. N. liebevoll zu Hilfe. Er/sie wartet auf *(Bevorstehendes benennen)*. Lass dich spüren als Gott des Lebens und der Zukunft und lege in dieser Stunde deine segnende Hand auf ihn/sie. Darum bitten wir durch Christus, unseren Bruder und Herrn. Amen.

Schrifttext Psalm 4,2–9 (Der Herr erhört mich)

Fürbitten „Du hast mir Raum geschaffen, als mir angst war." Auf diese Worte des Psalms vertrauen wir und wenden uns im Gebet an Gott, unseren Retter:
Herr, unsere Hoffnung – Wir bitten dich, erhöre uns.
- ○ Wir beten für unsere/n liebe/n N. N., nimm ihn/sie an der Hand und führe ihn/sie durch die kommende Zeit.
- ○ Für alle Ärzte und Pflegekräfte, die für N. N. ihr Bestes geben, gib ihnen den rechten Blick und eine sichere Hand.
- ○ Für alle, die sich um das Wohlergehen von N. N. kümmern – stärke ihnen den Rücken.
- ○ Für alle Menschen, die mit großer Sorge in die Zukunft schauen – schenke ihnen Zuversicht.

○ Für alle, die medizinisch forschen – unterstütze sie in ihrem Bemühen.

Wenn du da bist, können wir ruhig werden. Wir loben dich und danken dir, heute und immer. Amen.

Zur Handauflegung

Vielleicht erinnern Sie sich an Ihre Kindheit: Wenn Sie Angst hatten, war es gut, wenigstens die Hand von Vater oder Mutter zu spüren. Ich darf Ihnen meine Hand auflegen. Sie möchte deutlich machen, dass Gott in dieser Situation seine Hand auf Sie legt.

Segen

Es segne dich und trage dich durch die kommenden Tage der menschenfreundliche Gott
der Vater, der sich sorgt, seit du lebst,
der Sohn, der deine Ängste kennt,
der Heilige Geist, der dich von innen heraus mit Kraft erfüllt. Amen.

Christoph Seidl

NACH EINER SCHLECHTEN NACHRICHT

Einführung   Es gibt Momente im Leben, da scheint die Zeit stehen zu bleiben, da weiß man nicht wie es weitergehen soll, ob es überhaupt weitergeht. Gott will uns in unserer Not nicht allein lassen. Er stärkt uns mit der Zusage: Du bist mein geliebter Sohn, meine geliebte Tochter. Diese Zusage möchte ich für Sie, liebe/r N. N., nun mit einem tiefen Zeichen erfahrbar werden lassen im Sakrament der Krankensalbung. Öl verwendet man zur Behandlung von Wunden. Auch die schlechte Nachricht hat Ihnen eine Wunde geschlagen. Gott aber möchte heilend bei Ihnen sein.

Gebet   Du Gott des Lebens, schau liebevoll auf unsere/n liebe/n N. N. Momentan herrscht große Verwirrung und Ratlosigkeit. Die Nachricht *(evtl. benennen)* schmerzt. Wende du dich ihm / ihr heilend zu und stärke ihn / sie mit neuer Zuversicht, dass du alle Wege mit uns gehst. Darum bitten wir durch Christus, unseren Bruder und Herrn. Amen.

Schrifttext   Ps 23 (Der Herr ist mein Hirte)

Fürbitten   Gott ist unser guter Hirt, er sorgt für uns. Zu ihm kommen wir mit unserer Not:
Du guter Hirt – Wir bitten dich, erhöre uns.
- Nimm unsere/n liebe/n N. N. in dieser schweren Zeit an die Hand und führe ihn / sie auf dem unwegsamen Gelände.
- Sei du ihm / ihr Stock und Stab in der finsteren Schlucht und bewahre ihn / sie in deiner Liebe.
- Salbe sein / ihr Haupt mit Öl und lass ihn / sie erfahren, dass bei dir Leben in Fülle ist.
- Stell N. N. Menschen an die Seite, die spürbar machen, dass du ihn / sie nicht allein lässt.
- Sei mit deiner Liebe und Kraft auch bei all denen, die sich in diesen Tagen um N. N. Sorgen machen, und schenke ihnen Zuversicht.

Gott, deine Güte und Huld sind allezeit bei uns. Dich loben und preisen wir in Ewigkeit. Amen.

Zur Handauflegung

Ihnen gehen viele schwere Gedanken durch den Kopf. Ich darf Ihnen meine Hände auflegen. Fühlen Sie sich geborgen und umfangen von Gott, der Sie auffängt in Ihrer Not und Ihnen Gedanken der Zuversicht schenken möchte.

Segen

So segne Sie der Gott der Zukunft:
der Vater, in dessen Händen Ihr Leben geborgen ist,
der Sohn, der alle Wege mit Ihnen geht,
der Heilige Geist, der Sie erfüllt mit neuer Kraft.
Amen.

Christoph Seidl

IN LANGER KRANKHEIT

Einführung

Der Weg, den Sie, liebe/r N. N. in Ihrer Krankheit schon gegangen sind, ist lang und steinig. Wer so lange wie Sie auf unwegsamem Gelände unterwegs ist, braucht an manchen Stellen eine Ermutigung, dass der Weg nicht völlig sinnlos ist und dass Sie auf diesem Weg nicht von Gott und der Welt vergessen sind. Ich darf Sie heute mit dem kostbaren Krankenöl salben. Es erinnert auch an die Taufe und an die Königswürde, mit der Sie damals ausgestattet wurden. Wenn die Krankheit Ihnen nun zu schaffen macht und wenn Sie manchmal den Eindruck haben: „Was soll ich hier noch, ich bin doch nichts mehr wert!?", so möchte Ihnen Gott heute neu Ihre besondere Würde zusprechen und Sie mit neuer Kraft für Ihren Weg ausrüsten.

Gebet

Du Gott, der du uns aus Liebe als deine Ebenbilder erschaffen hast, blicke liebevoll auf unsere/n liebe/n N. N.. Ein langer Krankheitsweg hat ihn / sie schon sehr geschwächt. Manchmal ist es zum Verzweifeln. Wir bitten dich: rufe ihm / ihr heute neu seine / ihre Würde ins Gedächtnis, mit der wir alle unterwegs sind. Lass ihn / sie erfahren, dass du dich um uns Menschen sorgst, wie ein guter Vater und eine liebende Mutter. Lass dich spüren Gott, so bitten wir dich durch Christus, unseren Bruder und Herrn. Amen.

Schrifttext

Jes 43,1–5a (Der Herr sorgt sich um dich)

Fürbitten

Ob wir durchs Wasser oder durchs Feuer müssen, Gott lässt uns nicht im Stich. So lasst uns voll Vertrauen beten:
Gott, unser Retter – wir bitten dich, erhöre uns.
- Schau in Liebe auf N. N. – Richte ihn / sie auf mit deiner Kraft und ermutige ihn / sie.

- Schau auf die Angehörigen von N. N. *(Namen nennen)*, – sei bei Ihnen und schenke ihnen Geduld.
- Schau auf alle, die mit ihren täglichen Diensten N. N. Gutes tun – unterstütze sie in ihrem Eifer.
- Schau auf alle, die unter einer leiblichen oder seelischen Not leiden – lass sie spüren, dass du sie nicht vergessen hast.
- Schau auf alle, die nicht mehr an dich glauben können – stell ihnen glaubwürdige Zeugen deiner Fürsorge an die Seite.

„Fürchte dich nicht, denn ich bin mit dir". Auf dieses Wort des Jesaja vertrauend, loben und preisen wir dich, Gott, heute und in Ewigkeit. Amen.

Zur Handauflegung

Manchmal spürt man vor Erschöpfung gar nichts mehr. Ich möchte Ihnen meine Hände auflegen, um Ihnen zu helfen, Gottes Nähe neu zu spüren.

Segen

Es segne dich der Gott, der bei dir ist, ob du durchs Wasser oder durchs Feuer gehst,
Gott Vater, Gott Sohn, Gott Heiliger Geist. Amen.

Christoph Seidl

IN ANGST UND UNRUHE

Einführung Wir sind zusammen gekommen, um Sie, liebe/r N. N.
mit dem Sakrament der Krankensalbung zu stärken.
Das heilige Öl, mit dem ich Sie salben darf, ist Zeichen
für neue Kraft auf Ihrem Weg. Gott, der Sie an keinem
Tag allein lässt, möge Ihr Vertrauen stärken und Ihre
Angst und Unruhe lindern. Er legt seine Hand auf
Sie, das darf ich Ihnen durch die Auflegung meiner
Hände zusagen. Werden wir einen Moment still und
geben wir Gott und seinem Frieden in uns Raum.

Gebet Gott, unser Vater, wir sind im Gebet mit dir vereint
um unsere/n kranke/n N. N.
Du weißt um seine/ihre Not. Komm du ihm/ihr
zu Hilfe und stärke neu sein/ihr Vertrauen. Festige
unseren Glauben daran, dass deine Liebe zu uns
immer größer ist als unsere Angst. Darum bitten wir
durch Christus, unseren Bruder und Herrn. Amen.

Schrifttext Mk 4,35–41 (Stillung des Sturms)

Fürbitten Zu unserem Herrn Jesus Christus, dem der Wind und
der See gehorchen, lasst uns beten:
Christus höre uns – Christus erhöre uns.

o Wir beten für unsere/n kranke/n N. N. – Schenke du
Beruhigung in der Not und Linderung seiner/ihrer
Angst.

o Für alle, die zu N. N. gehören und sich um ihn/sie
kümmern *(evtl. Namen nennen)*. – Stärke ihnen
den Rücken und erhalte sie in ihrer Liebe.

o Für alle, die für N. N. einen Dienst tun: Pflegende,
Ärzte, Helfer *(evtl. Namen nennen)* – Ermutige sie
jeden Tag neu für ihre wichtige Aufgabe.

o Für alle, die in diesem Haus (in diesem Ort, in
dieser Stadt) krank und in Not sind. – Zeige dich
ihnen als ihr Heiland.

o Für alle, die auf deine Hilfe vertrauen. – Lege deine
schützende Hand auf sie.

Du bist alle Tage bei uns bis zur Vollendung der Welt.
Dir sei Lob und Dank in Ewigkeit. Amen.

Zur Handauflegung

N. N., in meinen Händen sollen Sie Gottes liebende
Hände spüren. Er lege seinen Geist auf Sie, der alle
Angst und Unruhe vertreiben und Ihnen seinen
Frieden schenken möge.

Segen

So segne dich mit neuem Vertrauen unser Gott:
der Vater, der dich unter seine Fittiche nimmt,
der Sohn, der dem Sturm Einhalt gebietet,
der Heilige Geist, der dich mit tiefem Frieden erfüllt.
Amen.

Christoph Seidl

IM ANGESICHT DES TODES

Einführung   Alle Übergänge im Leben ängstigen uns. Der Übergang zum Leben bei Gott ängstigt uns am meisten. Wir sind zusammengekommen, um für N. N. zu beten und ihn / sie zu stärken für diesen Übergang, ihn / sie zu ermutigen, loszulassen und sich ganz dem Herrn zu überlassen. Wir beten aber auch für alle, die N. N. zur Seite stehen und deren Kräfte sehr beansprucht werden. Wie das heilige Öl in die Haut von N. N. einzieht, so hält Gott Einzug in diesem geliebten Menschen und erfüllt ihn mit seiner Kraft und mit seinem Leben.

Gebet   Herr, unser Gott, wir sind in deinem Namen versammelt am Bett von N. N.
Es macht uns traurig, dass sein / ihr Leben zu Ende geht, aber wir Christen leben aus dem Glauben, dass uns das Leben nicht genommen, sondern gewandelt wird.
Wir bitten dich: Stärke N. N. mit der heiligen Salbung, die ihm / ihr jetzt Kraft für den Übergang und ein Unterpfand des neuen Lebens bei dir sein möge.
So bitten wir durch Christus, unseren Bruder und Herrn. Amen.

Schrifttext   Ps 91,1–12 (Der Herr ist deine Zuflucht)

Fürbitten   Zum Gott des Lebens lasst uns beten:
Gott, unser Vater – wir bitten dich, erhöre uns.
- Für unsere/n liebe/n N. N. - nimm ihn / sie liebevoll an der Hand und führe ihn / sie durch das Dunkel zum Licht.
- Für alle, die ihm / ihr an der Seite stehen – stärke ihre Geduld und ihre Hilfsbereitschaft.
- Für alle, die in diesem Haus *(in diesem Ort, in dieser Stadt)* krank sind und leiden – schenke ihnen neue Kraft und Zuversicht.

- Für alle, die der Mut verlassen hat – stelle ihnen gute Menschen an die Seite.
- Für alle, die uns in deine Herrlichkeit vorausgegangen sind – lass sie glücklich sein bei dir.

Gott, bei dir ist die Fülle des Lebens. Dir sei Lob und Preis in Ewigkeit. Amen.

Zur Handauflegung

„Er beschirmt dich mit seinen Flügeln", heißt es in Psalm 91. Ein schönes altes Bild für die Fürsorge Gottes. Ich möchte sie zum Ausdruck bringen, wenn ich N. N. nun meine Hände auflege. N. N. kann nicht tiefer fallen als in die Hände Gottes.

Segen

Der Gott des Lebens und der Zukunft segne dich und nehme dich auf in seine guten Hände. Er gebe dir die Kraft, loszulassen und ihm entgegen zu gehen. Er schenke dir den Lohn deiner Mühen und vollende dich in seiner großen Liebe. So segne dich unser Gott: der Vater, der Sohn und der Heilige Geist. Amen.

Christoph Seidl

ANHANG

KRANKHEIT, VERTRAUEN UND TROST IM NEUEN GOTTESLOB

Im Folgenden sind Gebete und Lieder zusammengestellt, die im neuen Gotteslob zu den Themen „Krankheit, Vertrauen und Trost zu finden sind.

GEBETE

8,9	Klage
10,1	Sei gegrüßt, o Königin
16	Im Gebet antworten
16,5.6	Im Alter
17,1–2	In Leid und Not
17,3–5	In Krankheit
666,4	Salve Regina

LITANEIEN

556	Allerheiligen-Litanei
558	Litanei vom Heilswirken Gottes
563	Litanei vom Leiden Jesu
602,5	Krankenbesuch und Krankensegen
602,6	Die Feier der Krankenkommunion

ANDACHTSABSCHNITTE

675,3	Kreuz und Leiden
677,4	Hoffnung
680,5–6	Krankheit und Not
683	Kreuzweg

MARIENLIEDER

VERTRAUEN UND TROST – LIEDER

BITTE UND KLAGE – LIEDER